C.H.BECK WISSEN

in der Beck'schen Reihe

Seit dem Ausbruch der Finanzkrise 2008 ist der «Kapitalismus» wieder in der Kritik. Bis dahin schien er nach dem Zusammenbruch der Sowjetunion und damit der «Systemalternative» gleichsam das letzte Wort der Geschichte und allen anderen Wirtschaftsformen überlegen zu sein. Doch die Verwerfungen der Finanzkrise mit ihren unabsehbaren Folgen werfen die scheinbar obsolet gewordene Frage nach den Leistungen und Lasten, den Widersprüchen und Entwicklungspotentialen «des» Kapitalismus wieder neu auf.

Jürgen Kocka, auch international einer der führenden Experten für das Thema, bietet mit diesem Band eine umfassende Einführung in die historische Entstehung und Ausdehnung des Kapitalismus seit der frühen Neuzeit sowie seine globale Ausbreitung seit dem 19. und 20. Jahrhundert. Er betrachtet aber nicht nur die Prozesse von Handel und Industrialisierung, sondern zugleich die nachhaltigen Veränderungen der Arbeits- und Lebenswelten. So ist seine Einführung ein souveräner historischer Überblick und zugleich eine kritische Bestandsaufnahme jenes ökonomischen Regimes, das heute bis in den letzten Winkel des Planeten unser Handeln mitbestimmt.

Jürgen Kocka ist Professor i. R. für die Geschichte der industriellen Welt an der Freien Universität Berlin und zählt zu den bedeutendsten Sozialhistorikern unserer Zeit. Von 2001 bis 2007 war er Präsident des Wissenschaftszentrums Berlin für Sozialforschung (WZB). Für seine Arbeiten wurde er u.a. mit dem Leibniz-Preis und dem Holberg-Preis ausgezeichnet.

Jürgen Kocka

GESCHICHTE DES KAPITALISMUS

Verlag C.H.Beck

Originalausgabe

Satz: Fotosatz Amann, Aichstetten
Druck und Bindung: Druckerei C. H. Beck, Nördlingen
Umschlagentwurf: Uwe Göbel, München
Umschlagabbildung: Giebel der New Yorker Börse, Wall Street

Printed in Germany
ISBN 978 3 406 65492 3

www.beck.de

Inhalt

I. Was heißt Kapitalismus?

1. Ein kontroverser Begriff entsteht

«Kapitalismus» ist ein umstrittener Begriff. Viele Wissenschaftler vermeiden ihn. Er erscheint ihnen als zu polemisch, denn er entstand als Begriff der Kritik und ist jahrzehntelang auch als solcher verwendet worden. Der Begriff wird unterschiedlich und oft gar nicht definiert. Er umfasst sehr vieles, seine Abgrenzung ist schwierig. Ist es nicht besser, auf ihn zu verzichten und etwa von «Marktwirtschaft» zu sprechen?

Andererseits gibt es eine lange Reihe sehr ernst zu nehmender Sozial- und Kulturwissenschaftler, die zur Diskussion über Kapitalismus viel Substantielles beigetragen haben. Ein Vierteljahrhundert nach dem Ende des Kalten Kriegs, der auch ein Krieg um Schlüsselbegriffe war, ist der Begriff voll in den wissenschaftlichen Diskurs zurückgekehrt. Die internationale Finanz- und Schuldenkrise seit 2008 hat das kritische Interesse am Kapitalismus zusätzlich angeheizt. Kürzlich berichtete die New York Times über einen neuen Boom von Lehrveranstaltungen zur Geschichte des Kapitalismus an amerikanischen Universitäten. Der Begriff ist auch in Europa so aktuell wie schon lange nicht, wenn auch mehr bei Publizisten, Sozial- und Kulturwissenschaftlern als bei Ökonomen.[1] Aber wenn man ihn benutzt, muss man seine Geschichte kennen und ihn scharf definieren.

Das Substantiv «Kapitalismus» setzte sich im Französischen, Deutschen und Englischen nach vereinzelten Vorläufern erst in der zweiten Hälfte des 19. Jahrhunderts durch. Aber die Begriffe «Kapital» und «Kapitalist» waren da bereits eingebürgert. Im Deutschen ging der Begriff «Kapital» aus der Kaufmannssprache (dort spätesten im frühen 16. Jahrhundert häufig) in die Terminologie der im 17. und 18. Jahrhundert entstehenden Sozial- und Wirtschaftswissenschaften über. Er meinte zunächst das (investierte oder verliehene) Geld und später das aus Geld, Geldwerten, Papieren, Waren und Produktionsanlagen bestehende Vermögen, durchweg aber «in Rücksicht auf den Gewinn, den es erbringen sollte» (1776), statt konsumiert oder gehortet zu werden.

«Kapitalist» stand seit dem 17. Jahrhundert für den «capitalreichen Mann, der bare Gelder und großes Vermögen hat und von seinem Interesse (d. h. Zinsen, J. K.) und Renten leben kann». Als «Kapitalisten» bezeichnete man des Näheren Kaufleute, Bankiers, Rentner und andere Personen, die Gelder ausleihen, also «mit Capitalien handeln oder makeln» (1717). Zwischenzeitlich stand «Kapitalist» aber auch für alle Erwerbende, «wenn sie den Überschuss ihrer Arbeit, ihres Verdienstes über ihre nötige Konsumption (hinaus) sammeln, um ihn aufs Neue auf Production und Arbeit zu verwenden» (1813). Seit dem späten 18. Jahrhundert wurden Kapitalisten überdies immer häufiger im Unterschied, bald im Gegensatz zu Arbeitern gesehen und als «Klasse der Lohnherren (Verlagseigner, Fabrikunternehmer und Kaufleute)» bezeichnet, die nicht von Lohn oder Rente, sondern von Profiten lebten (1808). Die hier bereits sichtbare klassengesellschaftliche Einfärbung des Begriffs verschärfte sich in den folgenden Jahrzehnten, als die öffentliche Armut wuchs, revolutionäre Spannungen 1848/49 ausbrachen und die Industrialisierung mit Fabrikwesen und Lohnarbeit auch in Deutschland sich durchsetzte, während die Beobachter bis ins frühe 19. Jahrhundert hinein ihr Anschauungsmaterial vor allem aus dem bereits kapitalistisch industrialisierenden England bezogen.[2]

Abgesehen von wenigen frühen, den Sprachgebrauch nicht prägenden Verwendungen spiegelte das Substantiv «Kapitalismus» zunächst vor allem diese klassengesellschaftlich-kritische Einfärbung wider, als es sich seit Mitte des Jahrhunderts zunächst im Französischen, seit den 1860er Jahren auch im Deutschen und etwas später im Englischen durchsetzte. Der Sozialist Louis Blanc kritisierte 1850 den Kapitalismus als «Aneignung des Kapitals durch die Einen, unter Ausschaltung der Anderen». Pierre Joseph Proudhon geißelte 1851 den Grund und Boden auf dem Pariser Wohnungsmarkt als «Festung des Kapitalismus», als er sich für Maßnahmen gegen Mietwucher und Spekulation einsetzte. 1867 notierte dann ein repräsentatives Wörterbuch den Begriff «capitalisme» als Neologismus, umschrieb ihn mit «Macht der Kapitalien oder der Kapitalisten» und verwies auf Proudhon. In Deutschland wetterte 1872 der Sozialist Wilhelm Liebknecht auf den «Moloch des Kapitalismus», der auf den «Schlachtfeldern der Industrie» sein Unwesen treibe.[3]

Zumindest im Deutschen wuchs der Begriff rasch über seine polemische Stoßrichtung hinaus. Karl Marx benutzte das Substantiv «Kapitalismus» zwar kaum, schrieb aber in den 1850er und 1860er Jahren ausgiebig und wirkungsvoll über die «kapitalistische Produktionsweise». Der mit staatssozialistischen Ideen sympathisierende Ökonom Rodbertus stellte 1869 fest: «Der Kapitalismus ist ein soziales System geworden». 1870 veröffentlichte Albert Schäffle, ein liberal-konservativer Professor der Nationalökonomie, sein Buch «Kapitalismus und Socialismus mit besonderer Rücksicht auf Geschäfts- und Vermögensformen». Darin ging er ausführlich auf den Gegensatz zwischen Lohnarbeit und Kapital ein. Auf Schäffle verwies Meyers Konversations-Lexikon, als es 1876 erstmals von «Kapitalismus» handelte, noch im Eintrag über «Kapital». Erst 1896 enthielt dieses weit verbreitete Nachschlagswerk einen eigenen, differenziert argumentierenden Eintrag für «Kapitalismus» als «Bezeichnung für die kapitalistische Produktionsmethode gegenüber der sozialistischen und kollektivistischen».

1902 erschien Werner Sombarts großes Werk «Der moderne Kapitalismus», das entscheidend zur Einbürgerung des Begriffs beitrug. Seitdem nahm die sozialwissenschaftlich-historische Literatur rasch zu, die sich mit Theorie, Geschichte und Gegenwart des Kapitalismus befasste, zu einem erheblichen Teil in Auseinandersetzung mit Sombart, der sein Werk zwar als Fortsetzung und Vollendung des Marxschen Werkes verstand, tatsächlich aber durch Betonung der Rolle von Unternehmern und Unternehmen, mit seinem Konzept des «kapitalistischen Geistes» und seiner bis ins italienische Hochmittelalter zurückreichenden Perspektive deutlich über Marx hinausging.[4] Im Englischen spielte der Begriff «Kapitalismus» spätestens seit den 1890er Jahren eine gewisse Rolle. Die kontroverse Diskussion um ihn schwoll dort aber erst in den Jahren um den Ersten Weltkrieg herum an. In der Encyclopaedia Britannica wurde der Begriff in der 11. Auflage (1910–11) im Artikel über «Capital» kurz erwähnt und in der 12. Auflage von 1922 ausführlich in einem eigenständigen Eintrag behandelt, jetzt als Bezeichnung für ein «System», in dem die Produktionsmittel privaten Eigentümern gehören, die zum Zweck der Produktion Manager und Arbeiter beschäftigen.[5]

Insgesamt: Der Begriff entstand aus dem Geist der Kritik und der Perspektive des Vergleichs. Gewöhnlich verwendete man ihn, um Beobachtungen der eigenen Zeit zu beschreiben, die man in betonter Absetzung von früheren Verhältnissen als neu und modern begriff. Oder man verwendete ihn, um die Gegenwart mit der vorgestellten Idee und dann mit den beobachtbaren Anfängen des Sozialismus zu konfrontieren. Erst im Licht der bisweilen verklärenden Erinnerung an andersartige vergangene Verhältnisse und im Licht der Vorstellungen von einer besseren zukünftigen, nämlich sozialistischen Alternative entstand der Begriff «Kapitalismus», meist im Kontext einer kritischen Sicht auf die damalige Gegenwart. Doch gleichzeitig diente er der wissenschaftlichen Analyse. Diese Doppelfunktion des Begriffs machte ihn den einen suspekt, den anderen umso interessanter. Die beiden Funktionen konnten, aber mussten sich nicht im Weg stehen. Das gilt bis heute.

2. Drei Klassiker: Marx, Weber, Schumpeter

Zahlreiche Intellektuelle, Sozial- und Kulturwissenschaftler haben im späten 19. und frühen 20. Jahrhundert den Kapitalismus als *das* bestimmende Epochenmerkmal ihrer Gegenwart begriffen. Zahlreiche Historiker haben den Begriff schon damals benutzt, um die Geschichte des Kapitalismus in früheren Jahrhunderten zu erforschen, in denen der Begriff noch nicht existierte. An der wissenschaftlichen Diskussion über Kapitalismus haben sich deutschsprachige Autoren mehr als englische oder französische beteiligt. Sie trugen dazu bei, dass sich der Kapitalismusbegriff aus einem politischen Kampf- in einen analytisch anspruchsvollen Systembegriff erweiterte.[6] Im folgenden sei auf drei Klassiker der Kapitalismus-Diskussion eingegangen, die die Diskussion und die Definition von «Kapitalismus» bis heute prägen: Karl Marx, Max Weber und Joseph A. Schumpeter.

Karl Marx hat das Substantiv «Kapitalismus» selten und nur am Rande benutzt. Aber Marx schrieb so ausführlich und eindringlich über die kapitalistische Produktionsweise, dass sein Kapitalismusverständnis die folgenden Generationen stärker geprägt hat als der Beitrag irgendeiner anderen einzelnen Person. Die Hauptbestandteile des Marxschen Kapitalismusbegriffs lassen sich in vier Punkten zusammenfassen.

1. Marx sah den Arbeitsteilung und Geldwirtschaft voraussetzenden, entwickelten *Markt* als zentralen Bestandteil des Kapitalismus. Er betonte die gnadenlose, Grenzen überschreitende Konkurrenz, die den technischen und organisatorischen Fortschritt vorantrieb, aber zugleich die Marktteilnehmer gegeneinander in Stellung brachte. Er arbeitete den zwanghaften Charakter der «Gesetze» des Marktes heraus, die Kapitalisten und Arbeiter, Produzenten und Konsumenten, Verkäufer und Abnehmer bei Strafe des Untergangs einzuhalten haben, wie immer ihre individuellen Motive auch beschaffen sein mögen.
2. Marx behandelte ausführlich die prinzipiell grenzenlose *Akkumulation* als Merkmal des Kapitalismus, d. h. die Bildung und andauernde Vermehrung des Kapitals gewissermaßen als Selbstzweck, anfänglich als «ursprüngliche Akkumulation» aufgrund von Transfers aus anderen Bereichen (nicht ohne Enteignung und nicht ohne Gewalt), später dann als Reinvestition von Gewinnen, die aber letztlich aus dem Wert stammten, den die Arbeit schuf: Kapital als geronnene Arbeit.
3. Als Kern der kapitalistischen Produktionsweise begriff Marx das Spannungsverhältnis zwischen den Kapitalisten als Produktionsmittelbesitzern und den von ihnen abhängigen Unternehmern und Managern einerseits, von vertraglich gebun-

denen, aber sonst freien, für Lohn oder Gehalt beschäftigten Arbeitern ohne Produktionsmittelbesitz andererseits. Die beiden Seiten waren zum einen durch ein Tauschverhältnis (Arbeitskraft oder -leistung gegen Lohn oder Gehalt, die Arbeit bzw. Arbeitskraft als Ware) und zum andern durch ein Herrschafts- und Abhängigkeitsverhältnis miteinander verbunden, das die «Ausbeutung» der Arbeiter durch die Kapitalisten ermöglichte: Ausbeutung in dem Sinn, dass ein Teil des von den Arbeitern erwirtschafteten Wertes, der sog. Mehrwert, ihnen nicht zur Verfügung gestellt bzw. ausgezahlt wurde. Dieser Teil ging in den Besitz des Kapitalisten/Unternehmers über, der damit teils die Akkumulation vorantrieb, teils seinen Konsum bestritt. Das so verstandene *Kapital-Lohnarbeit-Verhältnis* trieb nach Marx nicht nur die Dynamik des Systems an. Es provozierte zugleich auch Klassenkämpfe, die dazu führten, dass sich langfristig *Bourgeoisie und Proletariat* als unversöhnliche Gegner gegenüberstanden. Das war nach Marx die Bedingung der Revolution, die, vom Proletariat getragen, das System des Kapitalismus abschaffen werde, zugunsten einer anderen, nämlich sozialistischen oder kommunistischen Alternative, auf deren nähere Beschreibung sich Marx allerdings nicht einließ. Mit dieser Prognose, die zugleich als Aufruf ans Proletariat zur Wahrnehmung seiner historischen Aufgabe gelesen werden konnte, verwandelte Marx seine theoretische Konzeption in eine praktisch-politische Handlungsanweisung, als die sie seit dem späten 19. Jahrhundert auch von vielen verstanden worden ist.

4. Marx beschrieb die ungeheure *Dynamik des kapitalistischen Systems*, das, getragen von der Bourgeoisie, alles Überkommene auflöse, sich weltweit ausbreiten werde und nicht nur den Drang, sondern auch die Fähigkeit besitze, seine Logik in andere als ökonomische Lebensgebiete hinein auszudehnen. Marx war davon überzeugt, dass die kapitalistische Produktionsweise die Tendenz besaß, Gesellschaft, Kultur und Politik maßgeblich zu prägen. Was der Ökonom Adam Smith noch als «commercial society» und der Philosoph Georg Wilhelm Friedrich Hegel als «bürgerliche Gesellschaft» beschrie-

ben hatten, stellte Marx als «kapitalistische Gesellschaftsformation» dar.

Mit dieser Umschreibung definierte Marx, der in enger Verbindung mit Friedrich Engels nicht nur die deutschen, sondern auch die schon weiterentwickelten westeuropäischen Verhältnisse beobachtete, die Industrielle Revolution als epochale Umwälzung wahrnahm und den sozialen Sprengstoff der sich anstauenden Arbeiterfrage erkannte, den Kapitalismus in einer Weise, dass er in voller Ausprägung erst als *Industriekapitalismus* in Erscheinung trat, mit der «großen Industrie» und massenhafter Lohnarbeit im Zentrum. Die Existenz von älteren Varianten des Kapitalismus vor der Industrialisierung leugnete Marx nicht, doch er untersuchte sie nicht. Er war am Kapitalismus in seiner modernen, industriewirtschaftlichen Ausprägung und an seiner Entstehung (in England seit dem 16. Jahrhundert) interessiert.

Die Kritik an der Marxschen Konzeption ist Legion. Mit guten Gründen hat man ihr vorgeworfen, die zivilisierende Wirkung der Märkte unter-, Arbeit als einzige Quelle neu geschaffener Werte dagegen überschätzt zu haben. Kritisiert wurden Marxens mangelnde Aufmerksamkeit für die Bedeutung von Wissen und Organisation als Quellen von Produktivität, seine fehlgehenden Prognosen der sozialen Folgen des Industriekapitalismus und sein geradezu alteuropäisch anmutendes Misstrauen gegenüber Markt, Tausch und Eigeninteresse. Dennoch bleibt die Marxsche Analyse ein origineller, faszinierender und grundlegender Entwurf, auf den sich die meisten späteren Interpreten des Kapitalismus bis heute, und sei es kritisch, beziehen.[7]

Max Weber behandelte das Thema Kapitalismus im Kontext einer umfassenden Geschichte der okzidentalen Modernisierung. Vor diesem Hintergrund löste er den Begriff aus der Fixierung auf das Industriezeitalter. Anders als Marx erwartete er nicht, dass der Kapitalismus an seinen Krisen untergehen werde, vielmehr befürchtete er die Gefahr der Erstarrung seiner Dynamik aufgrund von allzu viel Organisation und Bürokratisierung. An die Überlegenheit eines künftigen sozialistischen Systems glaubte er nicht. Seine Analyse griff thematisch weiter aus und reichte historisch weiter zurück als die von Marx.

Scharf arbeitete Weber die Eigenarten des kapitalistischen Wirtschaftshandelns mit seiner Orientierung am Tausch und an Marktpreisen heraus, die er als Ergebnis von Marktkämpfen und -kompromissen verstand. Er betonte die «formale rechnungsmäßige Rationalität» des kapitalistischen Wirtschaftens. Diese sah er vor allem durch die Struktur des kapitalistischen Unternehmens gewährleistet, dessen Trennung vom Haushalt der Wirtschaftssubjekte, systematisch-zweckrationale Organisation als Herrschaftsverband und langfristige Rentabilitätsorientierung er betonte. Zur systematisch zweckrationalen Organisation des Unternehmens rechnete er Arbeitsteilung und Arbeitsverbindung, formell freie Arbeit von Arbeitern ohne Produktionsmittelbesitz und deren Unterordnung unter die Betriebsdisziplin, d.h. unter die Anordnungsbefugnisse der letztlich durch Kapitalbesitz legitimierten Unternehmer und Manager. Er arbeitete heraus, dass die effektive Leitung eines kapitalistischen Unternehmens einerseits Geld-, Kredit- und Kapitalmärkte voraussetzte. Andererseits hielt er eine spezifische Wirtschaftsgesinnung für unabdingbar. Diese war nach seinem Urteil gerade nicht mit schrankenloser Erwerbsgier gleichzusetzen, sondern verlangte deren «rationale Temperierung», und zwar als langfristig kalkulierte Bereitschaft zur Investition und Reinvestition mit dem Ziel des langfristigen Unternehmenserfolges als solchen. Eine wichtige Quelle dieses «Geistes des Kapitalismus» sah Weber in der calvinistisch-puritanischen Ethik seit dem 16. Jahrhundert (im Gegensatz zu Werner Sombart, der für die Entstehung dieser Wirtschaftsgesinnung die Rolle der Juden seit dem Mittelalter betonte).

Weber hat theoretisch und historisch herausgearbeitet, dass der so verstandene Kapitalismus eine gewisse Ausdifferenzierung der gesellschaftlichen Wirklichkeit und dabei die relative Autonomie des Teilsystems «Wirtschaft» vor allem gegenüber der Politik voraussetzt: eine Autonomie, die sich in Vertrags-, Arbeitsmarkt-, Gütermarkt- und Unternehmungsfreiheit konkretisiere. Anderseits hat er überzeugend gezeigt, wie sehr der Aufstieg des Kapitalismus über die Jahrhunderte von außerökonomischen Faktoren abhing: vor allem von Politik und Recht, von den Staaten, ihren Kriegen und ihrem Finanzbedarf. Und er war von der riesigen «Kulturbedeutung» des Kapitalismus überzeugt, der seine Dynamik und seine Prinzipien auch in vielen nicht-ökonomischen Lebensbereichen zur Geltung bringe. Er wusste, dass der vollentwickelte, alle genannten Merkmale aufweisende Kapitalismus ein Phänomen der Neuzeit war, und er unterschied deshalb den *modernen Kapitalismus* von älteren, weniger entwickelten Formen («Frühkapitalismus», «politisch orientierter Kapitalismus», «Rentenkapitalismus», «Beutekapitalismus»). Weber war überzeugt, dass der moderne Kapitalismus nur im Okzident entstanden sei, nicht zuletzt wegen der nur hier auftretenden Form von Staatsbildung. Er war kein unkritischer Bewunderer des modernen Kapitalismus. Er arbeitete dessen «formale rechnungsmässige Rationalität» heraus, doch unterstrich er auch, dass die dadurch dauerhaft erzielte Steigerung der wirtschaftlichen Effizienz nicht mit dauerhafter Wohlstandsmehrung in allen Bevölkerungsteilen einhergehen musste. Vielmehr werde, so fasst Wolfgang Schluchter Webers Überzeugung zusammen, im Kapitalismus «nicht Begehr befriedigt, sondern ausschließlich kaufkräftige Begehr.» Darin sah Weber eine «grundlegende und letztlich unentrinnbare Irrationalität».[8]

Auch an Weber ist viel Kritik geübt worden. Seine These vom Zusammenhang zwischen der Ethik des puritanischen Protestantismus und dem Geist des Kapitalismus ist empirisch immer wieder in Frage gestellt und stark relativiert worden (das gilt erst recht für Sombarts Betonung der jüdischen Herkunft des kapitalistischen Geistes, die überholt ist). Weber saß bei der Beurteilung der Kapitalismusfähigkeit nicht-westlicher Zivilisationen, etwa der islamischen Gesellschaften, manchem Vorurteil auf und fußte auf einem Forschungsstand, der nach einem Jahrhundert selbstredend überholt ist.[9] Doch seine Analysen gehören bis heute zum Besten, was über Kapitalismus jemals geschrieben worden ist.

Joseph A. Schumpeter hat nicht nur den Begriff «Kapitalismus» für seine eigenen Forschungen benutzt, sondern auch mit seinem Buch «Kapitalismus, Sozialismus und Demokratie» (erstmals 1942) die wissenschaftliche Diskussion über den Kapitalismus nachhaltig beeinflusst. Privateigentum, Marktmechanismus und Unternehmenswirtschaft gehörten für ihn zur Definition von «Kapitalismus» dazu. Er definierte: «Kapitalismus ist jene Form privater Eigentumswirtschaft, in der Innovationen mittels geliehenen Geldes durchgeführt werden, was im allgemeinen ....Kreditschöpfung voraussetzt.» Mit der Betonung der Kreditvergabe – und damit des Schuldenmachens, aber auch der Spekulation – als eines zentralen Merkmals des Kapitalismus leistete Schumpeter einen Beitrag, der nach dem überproportionalen Wachstum des Finanzkapitalismus in den letzten Jahrzehnten heute besondere Aktualität besitzt.

Schumpeter ging es vor allem um die Erklärung wirtschaftlicher Dynamik. Er suchte nach dem Mechanismus, durch den sich die Wirtschaft aus sich selbst heraus verändert. Er fand ihn in der *Innovation*, also in der Kombination von Elementen, Ressourcen und Möglichkeiten in einer Weise, dass daraus wirtschaftlich Neues entsteht: neue Methoden der Produktion und Verteilung, neue Organisationsformen in oder auch zwischen den Unternehmen, die Erschließung neuer Beschaffungs- und Absatzmärkte, die Herstellung neuer oder doch stark verbesserter Güter, die Weckung neuer Bedürfnisse u. a. m. Schumpeter machte deutlich, dass die Einführung von Neuem mit Notwendigkeit die Ablösung und oft die Zerstörung von Altem bedeutet. Er sprach in diesem Zusammenhang – in begrifflicher Anlehnung an Sombart – von «kreativer Zerstörung» als dem Kern der kapitalistischen Entwicklung.

Aus dieser Perspektive entwickelte er seine Theorie des Konjunkturwechsels, denn Innovationen stellen aus seiner Sicht Wachstumsschübe dar und bewirken Wellen des wirtschaftlichen Ausbaus, an denen nach den innovationstragenden Pionier-Unternehmern dann auch viele andere Unternehmer «scharenweise» teilnehmen, bevor die Welle ihre Anschubkraft verliert, ausläuft und in einen Abschwung übergeht, bis ein neues Bündel von Innovationen zum Beginn eines neuen Zyklus führt. Von daher ergab sich das große Interesse Schumpeters am Unternehmer, den er als Träger des untersuchten Veränderungsmechanismus sah.

Von daher ergab sich aber auch Schumpeters Überzeugung von der Wichtigkeit des Kredits, denn da der Erfolg der Innovationen nie völlig sicher sein kann und, wenn überhaupt, erst in der Zukunft eintritt, und weil die Erträge von Innovationen erst zu einem späteren Zeitpunkt – im Aufschwung des Zyklus – zu erzielen sind (wenn überhaupt), benötigt der Innovationen durchsetzende Unternehmer vorgeschossenes Kapital, das er als Schuldner aufnimmt, um es, nach erfolgreicher Realisierung, aus späteren Erträgen mit Zinsen zurückzuzahlen. Diese innere «Verbindung zwischen Kredit und Durchsetzung des Neuen» erkannte Schumpeter als ein Spezifikum und als die Grundlage der dynamischen Kraft des Kapitalismus.[10]

Er wusste, dass der Kapitalismus nicht nur kleinen Minderheiten, sondern auch der breiten Mehrheit ein Ausmaß an materiellem Wohlstand und persönlicher Freiheit erbracht hatte, das in der Menschheitsgeschichte einmalig war. Diese enorme Leistungsfähigkeit der kapitalistischen Ökonomie erklärte er auch psychologisch und soziologisch: Dieser Wirtschaftsweise gelinge es, immer wieder mächtige Motive – nämlich die häufig illusionäre Hoffnung auf Bereicherung und die nur allzu berechtigte Furcht vor relativer Deklassierung – teils zu wecken, teils zu nutzen und dafür zu sorgen, dass äußerst fähige, ambitionierte und tatkräftige Personen in wirtschaftliche Leitungspositionen rekrutiert und dort gehalten würden. Trotzdem sagte Schumpeter den Niedergang des Kapitalismus voraus. Indem er sich ausbreite, beschädige er seine sozialen Voraussetzungen. Schumpeter zeigte dies u. a. an der sozialen Institution der Großfamilie, die lange Zeit eine Motivations- und Kraftquelle für kapitalistische Unternehmer gewesen sei, aber durch den vom Kapitalismus geförderten Geist der Zweckrationalisierung und Individualisierung zunehmend ausgehöhlt werde. Der Kapitalismus werde an den ungewollten Konsequenzen seines Erfolgs scheitern.[11]

Schumpeters Werk hat Kritik erfahren. Seine Prognose ist von der zweiten Hälfte des 20. Jahrhunderts nicht oder nur wenig bestätigt worden. Sein Begriff der Innovation war zu sehr auf Einzelpersonen und große diskontinuierliche einzelne Akte fixiert. Seine Vorstellung von 50–60jährigen Konjunkturwellen («Kondratieffs») bleibt sehr umstritten. Seine Entscheidung für den Begriff «Kapitalismus» hat im *mainstream* der Ökonomen keine Nachfolge gefunden, die Gesellschaft, Politik und Kultur immer seltener zum Bereich ihrer Zuständigkeit rechneten. Aber Schumpeters Werk lebt in Anlehnung und Widerspruch weiter. Es ist für die Kapitalismusgeschichte unersetzbar.

3. Andere Stimmen und eine Arbeitsdefinition

Es gab zahlreiche andere Beiträge zur Schärfung des Begriffs. John Maynard Keynes sah in den 1920er und 1930er Jahren die Essenz des Kapitalismus in seinem Appell an die «money-making and money loving instincts of individuals as the main motive force of the economic machine». Launen, Gefühle und Zufälle spielten nach seinem Urteil im Kapitalismus eine große Rolle, nicht allein Zweckrationalität und Rechenhaftigkeit, die Max Weber so sehr betont hatte. Er sah in ihm «animalische Triebe» («animal spirits») am Werk, die er nicht nur distanziert und befremdet beobachtete, sondern als wichtige Triebkräfte des kapitalistischen Wirtschaftens erkannte, das nach seiner Überzeugung unter den Zwängen unkalkulierbarer Unsicherheit stattfindet und solche Treibsätze braucht. Dieses Urteil des mit dem Geschäftsleben seiner Zeit bestens vertrauten, scharfsinnigen Spitzen-Ökonomen weist auf die durch Emotionen zu schließenden Lücken in der Zweckrationalität des Kapitalismus hin. Die Kritik am Finanzkapitalismus nach seiner bisher letzten großen Krise seit 2008 griff darauf zurück.[12]

Karl Polanyis erstmals 1944 veröffentlichtes Buch «The Great Transformation» benutzte zwar den Begriff «Kapitalismus» kaum. Doch es behandelte, vor allem an englischen Beispielen des 19. Jahrhunderts, die Herausbildung einer sich aus ihrer politischen und sozialen «Einbettung» lösenden, tendenziell selbst-regulierenden Marktwirtschaft, deren Dynamik nach Polanyi in scharfem Widerspruch zu den Integrationsbedürfnissen der Gesellschaft stand. Der als selbständiges Teilsystem ausdifferenzierte Markt erschien Polanyi als «teuflischer Mechanismus», er sprach von «satanic mills», der zu ständigem Wandel zwinge, das soziale Gewebe zerreibe und die Entstehung einer verlässlichen sozialen Ordnung mit stabilen Identitäten verhindere, solange es nicht beispielsweise durch Gesetzgebung und Verwaltung gelinge, neue Formen der «Einbettung» der Märkte und damit der Beschränkung ihrer Dynamik zu erreichen. Das auf sehr unsicherer empirischer Grundlage beruhende und mit dem wirtschaftshistorischen Forschungsstand nicht zu vereinbarende Buch verkennt gründlich die soziale Geschichte *vor* der Industrialisierung, die bereits viel stärker von Märkten bestimmt und viel weniger idyllisch war als Polanyi unterstellt. Umgekehrt wird die Entfesselung der Marktkräfte für das 19. und frühe 20. Jahrhundert stark übertrieben. Doch enthält das Buch wichtige begriffliche Anregungen. Es übt auf die kritische sozialwissenschaftliche Kapitalismusanalyse der letzten Jahre erheblichen Einfluss aus.[13]

Die meisten erkennen den Markt als notwendiges, wenn auch nicht hinreichendes Kriterium von «Kapitalismus». Der in den Jahrzehnten des Kalten Kriegs häufige Vergleich zwischen Kapitalismus und staatssozialistischer Zentralverwaltungswirtschaft ließ den Markt als essentiellen Bestandteil des Kapitalismus noch stärker in Erscheinung treten. Dagegen schrieb der Historiker Fernand Braudel an. In seiner dreibändigen «Sozialgeschichte des 15.–18. Jahrhunderts» von 1979 lieferte er eindringliche Beschreibungen des entstehenden Kapitalismus, während er ihn in Abgrenzung zur «Marktwirtschaft» definierte. Zu dieser zählte er lokale Märkte, die Geschäfte der Händler und der meisten Kaufleute, aber auch etwa Messen und Börsen. Den Begriff «Kapitalismus» versuchte er dagegen auf die Geschäfte eines schmalen und recht exklusiven «Überbaus» von reichen, mächtigen Kapitalisten zu beschränken, die je nach Lage der Dinge im Fernhandel reüssierende Kaufherren, Reeder, Versicherer, Bankiers, Unternehmer, aber auch Gutsbesitzer waren, und zwar meistens mehreres zugleich. Im so verstandenen Kapitalismus «der höheren Etagen» habe die Konkurrenz keine große Rolle gespielt, die Monopolisierung von Marktchancen meist in engster Verbindung zu den politisch Mächtigen umso mehr.

Damit machte Braudel zu Recht darauf aufmerksam, dass über lange Zeiträume hinweg die Verflechtung von Marktmacht und politischer Macht viel mehr die Regel gewesen ist als ihre säuberliche Trennung. Er brachte überdies die verbreitete Erfahrung pointiert auf den Begriff, dass innerhalb des Kapitalismus leicht oligopolistische und monopolistische Tendenzen hochkommen, die sich gegen das marktwirtschaftliche Grundprinzip der Konkurrenz wenden und dieses partiell außer Kraft setzen können. Trotzdem führt Braudels definitorische Entgegensetzung von Kapitalismus und Marktwirtschaft in die Irre. Auch in der Frühen Neuzeit und auch in seinen «oberen Stockwerken» war der sich herausbildende Kapitalismus durch sehr viel Konkurrenz, Gewinne und Verluste, Aufstieg und Abstieg, Chancen und Risiken gekennzeichnet. Er wurzelte in der Marktwirtschaft und trug in der Regel nicht zu ihrer Ausschaltung, sondern zu ihrer Verallgemeinerung bei. Im Wesentlichen gilt dies bis heute.[14]

An Braudels Kapitalismusbegriff und seine weiterführenden Überlegungen zur außereuropäischen Geschichte des Kapitalismus haben u.a. Immanuel Wallerstein und Giovanni Arrighi angeknüpft, die der Frage nach den transnationalen, in letzter Instanz globalen Dimensionen des Kapitalismus wichtige Impulse vermittelten. Schon das «Kommunistische Manifest» hatte die globale Expansion des Kapitalismus vorausgesagt. Besonders sozialistische Imperialismustheoretiker wie Rosa Luxemburg, Lenin und Rudolf Hilferding hatten früh die grenzüberschreitenden Wirkungen und Verflechtungen des Kapitalismus thematisiert, vor allem die kapitalistischen Antriebe imperialistischer Expansion, die Abhängigkeiten zwischen ausgebeuteten Peripherien und imperial herrschenden Metropolen wie auch den Zusammenhang zwischen Kapitalismus und internationalen Konflikten. Verschiedene Dependencia-Theorien und vor allem Wallersteins World System-Ansatz entwickelten diese Denktradition im dritten Viertel des 20. Jahrhunderts weiter. Zuletzt trieb Arrighi die Globalisierung der Kapitalismusforschung voran, indem er der räumlichen Verschiebung der weltwirtschaftlichen Schwerpunkte und kapitalistischen Leitregionen – von Oberitalien im Spätmittelalter über die Niederlande in der Frühen Neuzeit und England seit dem 18. Jahrhundert in die USA (20. Jahrhundert) und, vielleicht, demnächst nach China – nachging.[15] Mit der in den letzten beiden Jahrzehnten stattfindenden Öffnung der Geschichtswissenschaft hin zur Globalgeschichte wird Kapitalismus verstärkt als globalgeschichtliches Phänomen thematisiert.[16] Die Frage nach der räumlichen Erstreckung der kapitalistischen Expansion und den transregionalen Verflechtungen gewinnt damit an Aufmerksamkeit. Neue Fragen geraten auf die Tagesordnung oder alte werden neu formuliert, wie die nach dem Ort des Westens in der Geschichte des Kapitalismus. Die meist europäisch-nordamerikanisch geprägten Definitionen von «Kapitalismus» können sich damit langfristig ändern. Aber deutlich ist auch: So sehr der Begriff und die Theorien des Kapitalismus der Herkunft nach Produkte westlicher Erfahrungen und Forschungen sind, so wenig sind sie in ihrem Geltungsanspruch und in Bezug auf ihre analytische Kraft auf den Westen beschränkt. Vielmehr laden sie zu transnationalen und globalgeschichtlichen Erkundungen ein.

Auf der Basis dieser begriffs- und theoriegeschichtlichen Befunde und nach Durchsicht jüngerer Definitionsvorschläge[17] wird den weiteren Ausführungen folgende Umschreibung von «Kapitalismus» zugrunde gelegt.[18]

Erstens beruht Kapitalismus auf individuellen Eigentumsrechten und dezentralen Entscheidungen. Diese Entscheidungen führen zu Resultaten, sowohl Gewinnen als auch Verlusten, die Individuen zugeschrieben werden. Mit «Individuen» sind nicht nur Einzelpersonen, sondern auch Gruppen, Firmen oder Firmenzusammenschlüsse gemeint.

Zweitens findet im Kapitalismus die Koordinierung der verschiedenen wirtschaftlichen Akteure vor allem über Märkte und Preise, durch Wettbewerb und Zusammenarbeit, über Nachfrage und Angebot, durch Verkauf und Kauf von Waren statt. Das «zur Ware werden», die Kommodifizierung von Ressourcen, Produkten, Funktionen und Chancen ist zentral. Es setzt Arbeitsteilung und Geldwirtschaft voraus.

Drittens ist Kapital grundlegend für diese Art des Wirtschaftens. Das impliziert die Investition und Reinvestition von Ersparnissen und Erträgen *in der Gegenwart* im Streben nach Vorteilen *in der Zukunft*. Dazu gehören die Gewährung und die Aufnahme von Krediten, die Akzeptanz von Profit als Maßstab sowie die Akkumulation mit den Perspektiven Wandel, Wachstum und dynamische Expansion. Dazu gehören der Umgang mit Unsicherheit und Risiko sowie die Kontrolle der Rentabilität im Zeitverlauf.

Ich sehe davon ab, die Existenz einer Unternehmung/eines Unternehmens als weiteres Definitionsmerkmal von Kapitalismus hinzuzufügen, um nicht frühe und wenig formalisierte Varianten definitorisch auszuschließen. Aber die Tendenz zur Herausbildung von Unternehmen als kapitalistischen Entscheidungs-, Handlungs- und Zurechnungseinheiten ist stark. Wenn sie entstehen, beruht ihr Durchsetzungsanspruch auf «privaten» (im Sinn von nicht-staatlichen, nicht-kommunalen, nicht-kollektiven) Eigentums- und Verfügungsrechten. Sie besitzen Selbständigkeit gegenüber dem Staat und sonstigen sozialen Institutionen, aber auch gegenüber den Haushalten der Wirtschaftsakteure. Innerhalb ihrer selbst sind Unternehmen primär hierarchisch strukturiert. Das Unternehmen ist der Raum, in dem Kapital und Arbeit, d. h. kapitalistisch legitimierte, Arbeitskräfte beschäftigende Unternehmer einerseits, abhängig Beschäftigte, nämlich Arbeiter und Angestellte ohne Kapital- und Produktionsmittelbesitz andererseits, interagieren, und zwar die Arbeiter typischerweise als Lohnarbeiter auf vertraglicher Basis, d. h. ohne sonstige rechtliche Bindungen und in diesem Sinn frei. Die Beziehungen zwischen Kapital und Arbeit, zwischen Beschäftigern und Beschäftigten ist einerseits eine Tauschbeziehung nach Marktprinzipien, andererseits ein asymmetrisches Herrschaftsverhältnis – mit vielfältigen sozialen Voraussetzungen und Folgen.

Die gewählte Definition erlaubt es, auch kapitalistischen Erscheinungen nachzugehen, die lediglich Minderheitsphänomene in nicht-kapitalistischen Umgebungen darstellen.

Um von einer «kapitalistischen Wirtschaft» oder einem «kapitalistischen System» sprechen zu können, müssen kapitalistische Prinzipien eine gewisse Dominanz besitzen. Damit ist nicht nur die Dominanz als Regelungsmechanismus innerhalb der Wirtschaft gemeint (diese auch), sondern auch die Tendenz kapitalistischer Prinzipien, über die Wirtschaft hinaus in andere gesellschaftliche Bereiche auszugreifen und diese mehr oder weniger zu prägen, so sehr andererseits die Verankerung des Kapitalismus in nicht-kapitalistischen Verhältnissen historisch die Regel gewesen ist. Der systemisch-ausgreifende Charakter des Kapitalismus über den wirtschaftlichen Bereich hinaus kann sich in sehr unterschiedlichen Graden und Formen äußern. Kapitalismus ist in unterschiedlichen Gesellschaften, Kulturen und Staatsgebilden möglich. Auch stößt sein Ausgreifen durchaus auf Grenzen, die historisch variabel und gesellschaftlich wie politisch beeinflussbar sind.

Eine solche Arbeitsdefinition umreißt «Kapitalismus» als einen Idealtypus, ein Modell, das man verwendet, obwohl man weiß, dass die historische Realität damit nie vollkommen identisch ist, sondern ihm vielmehr auf verschiedene, sich wandelnde Weise und in unterschiedlichen, sich wandelnden Maßen entspricht. So wird es möglich, den Begriff auch auf weit zurückliegende Epochen anzuwenden, in denen der Begriff noch nicht in Gebrauch war und das, was er meint, nur in schmalen Ansätzen, wenig ausgeprägten Spurenelementen oder nur auf kleinen kapitalistischen Inseln im Meer nicht-kapitalistischer Verhältnisse existierte. Als Idealtypus könnte der Begriff auch zur Erschließung von Wirklichkeiten angewandt werden, die in *abnehmendem Maße* kapitalistisch strukturiert sind. Vielleicht gibt es die ja in Zukunft.

Die folgende Darstellung kann unmöglich auf flächendeckende Behandlung aller Länder und Regionen zielen, in denen Kapitalismus stattgefunden hat. Vielmehr begreift sie Kapitalismus als ein weltweites Phänomen, dessen wichtigste Phasen und Variationen, Triebkräfte, Probleme und Folgen sie in chronologischer Abfolge entwickelt und an unterschiedlichen Ländern bzw. Regionen exemplifiziert. Dazu werden die für die jeweilige Phase und Variante maßgebenden Leitregionen ausgesucht. Für die frühen Jahrhunderte des Kaufmannskapitalismus blicke ich auf China, Arabien und Teile Europas. In der Durchbruchsphase von ca. 1500 bis ca. 1800, in der der «moderne Kapitalismus» im Sinne Webers entstand, rückt Westeuropa ins Zentrum der Darstellung, jedoch in seinen globalen Verflechtungen. Im 19. und 20. Jahrhundert nehmen der Industriekapitalismus und zuletzt der Aufstieg des Finanzkapitalismus die Aufmerksamkeit in Anspruch, das wird primär an europäischen, nordamerikanischen und einigen japanischen Beispielen gezeigt. Die beschleunigte Globalisierung des Kapitalismus in der zweiten Hälfte des 20. und zu Beginn des 21. Jahrhunderts drängt zum Blick über den Westen hinaus, vor allem auf ostasiatische Erfahrungen. Insgesamt nehmen Entwicklungen in Europa, dann auch in Nordamerika, den meisten Raum ein. Das rechtfertigt sich aus dem Gegenstand: in langen Phasen seiner Geschichte *war* der Kapitalismus ein westliches Phänomen, wenngleich er sich ohne seine globalen Verflechtungen nicht oder ganz anders entwickelt hätte. Aber zweifellos spielen auch die Präferenzen des Verfassers eine Rolle, der in der Geschichte Europas besser zuhause ist als in der anderer Erdteile. Deren genauere und umfassendere Einbeziehung müsste das Ziel einer ausführlicheren Darstellung sein.

II. Kaufmannskapitalismus

1. Frühe Ansätze

In der wissenschaftlichen Literatur finden sich unterschiedliche Antworten auf die Frage, wann der Kapitalismus begann. Die Stimmenvielfalt resultiert aus der Verwendung unterschiedlicher Kapitalismusbegriffe wie auch aus der Tatsache, dass eindeutige Zäsuren in der sozialen und wirtschaftlichen Realität selten vorkommen.[19] Frühe Ansätze finden sich am ehesten im Fernhandel, der im Zweistromland wie im östlichen Mittelmeer, auf der Seidenstraße wie auf der großen Ost-West-Handelsroute durch den Indischen Ozean vorwiegend in den Händen von selbständigen Kaufleuten lag, die auf ihre eigene Rechnung arbeiteten, wenn auch meist in enger Abstimmung mit Trägern politischer Macht, oft übrigens in enger Gemeinschaft mit anderen Kaufleuten, typischerweise auf der Basis ethnischer, landsmännischer und religiöser Gemeinsamkeiten, grenzüberschreitend, vernetzt. Es fehlte nicht an Gewinnstreben, Wagemut, Dynamik und der Bereitschaft, mit ausgeprägter Unsicherheit und Konkurrenz umzugehen.

Erste Verdichtungen beobachtet man in den sich zeitweise herausbildenden Großreichen, die erheblichen Geldbedarf für ihre kriegerischen Unternehmungen entwickelten und besonders deshalb die Entwicklung von Märkten begünstigten, die Monetarisierung vorantrieben und die Wirtschaftsleistung zu kräftigen versuchten, auch durch den Ausbau von Verkehrswegen, den Betrieb von Bergwerken (Edelmetall!) und die Sicherung eines Minimums an Ordnung. Markt- und Staatsbildung hingen sehr früh zusammen.[20] Beispielsweise bemühte sich der Beamtenstaat der chinesischen Han-Dynastie (206 v.Chr. – 220 n. Chr.) um die Vereinheitlichung der Währung, die Ausdehnung der Marktbeziehungen und die Förderung des lebhaften von selbständigen Kaufleuten betriebenen Fernhandels. Gleichzeitig griff er direkt in Gewerbe und Handel ein. – In der römischen Kaiserzeit (1. Jh. v. Chr. – 5. Jh. n. Chr.) erreichten die Monetarisierung der Wirtschaft und die Kommerzialisierung des Alltags in den großen Städten einen hohen Stand, der Fernhandel mit Nahrungsmitteln und Luxuswaren florierte, die großen Latifundien produzierten mit Gewinn für den Markt, und wirtschaftliche Transaktionen wie der Verkauf oder die Verpachtung von Land geschahen auf vertraglicher Grundlage und mit Hilfe präziser Berechnungen. Auch fehlte es nicht an mehr oder weniger freien Lohnarbeitern. Doch Subsistenzwirtschaft wog insgesamt vor, Sklavenarbeit war weit verbreitet, das «ausgeprägte Streben nach Erlangung von Reichtum wurde nicht in das Bestreben übersetzt, Kapital zu schaffen» (Finley). Die Orientierung an sicheren Renten war verbreiteter als das Streben nach Profit. Produktivitätszuwachs und gesamtwirtschaftliches Wachstum hielten sich in engen Grenzen, die Orientierung an Krieg und

Beute blieb wichtiger als die Orientierung am langfristigen Markterfolg. Man zögert deshalb, von der Wirtschaft der griechisch-römischen Antike als einer kapitalistischen zu sprechen.[21]

2. China und Arabien

Um zu prüfen, was es mit dem Kapitalismus oder Ansätzen dazu in den Jahrhunderten auf sich hatte, die in der europäischen Geschichte als «Mittelalter» zusammengefasst werden, soll der Blick auf drei Regionen gerichtet werden, von denen bekannt ist, dass sie in diesem Zeitraum Schauplätze einschlägiger Entwicklungen waren: China, der zunehmend arabisch bestimmte Indische Ozean und das westliche Europa.

Das in China während der Han-Dynastie entstandene Grundmuster wirkte in den folgenden Jahrhunderten weiter. Es erlaubte den Ausbau der internationalen Handelsbeziehungen und den immer lebhafteren Austausch mit dem Westen, d. h. vor allem mit Indien und der arabischen Welt. Zum Konfuzianismus der die politische Macht ausübenden Beamten gehörten die Ablehnung von ausgeprägter Ungleichheit und damit auch großer unabhängiger Reichtümer, die Förderung der Landwirtschaft und staatliche Kontrollen über Geld, Kreditwesen und Handel – bis hin zur Bereitschaft, Güter, Versorgungsdepots und Werkstätten unter staatlicher Regie zu betreiben. Der sich von Indien her ausbreitende, zunächst vor allem von Gewerbetreibenden und Händlern praktizierte Buddhismus stand kommerziellen Tätigkeiten positiver gegenüber. Buddhistische Klöster nahmen nicht nur die umfangreichen Schenkungen der Gläubigen entgegen, sie wirkten auch, von der staatlichen Beamtenschaft misstrauisch beobachtet und bisweilen unterdrückt, als Zentren der Kapitalbildung, der Kreditvergabe und der gewinnbringenden Anlage von Kapital in landwirtschaftlichen und gewerblichen Betrieben. Mitte des 8. Jahrhunderts wurde Guangzhou als lebhafte und wohlhabende Hafen- und Kaufmannsstadt geschildert. Fremde Besucher bezeugten den hohen Lebensstandard des Landes.

Das galt erst recht für China unter der Herrschaft der handelsfreundlichen Sung-Dynastie (960–1279). Mit Unterstützung der Regierung und ihrer neuen großen Flotte bauten die

Kaufleute den Seehandel aus, vor allem mit Südostasien, Indien, der arabischen Welt und Ostafrika, sogar Ägypten. Auch im Innern nahm die Bedeutung von Geld- und Marktbeziehungen erheblich zu. In einigen Regionen, vor allem im Südosten des Landes, entwickelte sich bis zum 13. Jahrhundert die traditionelle Subsistenzwirtschaft in eine auf überregionalen Export setzende Ökonomie, die Luxusgüter ebenso produzierte wie unterschiedliche gewerbliche Gebrauchswaren aus Stein, Porzellan und Metall. Dafür importierte man Nahrungsmittel, vor allem Reis, aus anderen Provinzen. Insgesamt dehnte sich die gewerbliche Produktion in China aus, zum Teil in von Beamten oder Kaufleuten betriebenen Werkstätten, die Lohnarbeiter kontinuierlich beschäftigten. Das Land exportierte vor allem bearbeitete Produkte (Porzellan, Papier, Seide, Kunstgegenstände, Metallwaren), aber auch Tee und Metalle wie Zinn und Blei. Es importierte Pferde, Gewürze, Medizin, Edelsteine und andere Luxusgüter, aber auch Baumwollstoffe. Teilweise unterstanden die wirtschaftlichen Tätigkeiten dem Zentralstaat, der sich auch um den Bau von Straßen und Kanälen kümmerte, zeitweise Monopolrechte im Bezug auf Salz, Tee und Weihrauch wahrnahm, die Währung kontrollierte und sich bemühte, die von Kaufmann-Bankiers seit dem 9. Jahrhundert entwickelten, noch sehr elementaren Wechselgeschäfte zu kontrollieren, die zur Zirkulation von Noten geführt hatten und eine Art von de facto Geld darstellten. Im Prinzip aber wurde der wirtschaftliche Aufschwung von gewinnorientierten privaten Kaufleuten getragen, deren Investitionen zwar staatlich begrenzt, aber erheblich waren und deren sozialer Status in jener Zeit stieg. Man hat von einer chinesischen «kommerziellen Revolution» des 11. und 12. Jahrhunderts gesprochen. Auch bahnbrechende technologische Innovationen gelangen: Schießpulver, Kompass und Druckerpresse. Der Aufschwung geschah faktisch in einem gemischt-wirtschaftlichen System.

Vieles davon wurde fortgesetzt, als China zunächst von den einfallenden Mongolen (1279–1368) und dann von der Ming-Dynastie (1368–1644) regiert wurde. Aber China hat die außerordentliche Dynamik, die es unter der Sung-Dynastie zustande brachte, in den folgenden Jahrhunderten nicht fortgesetzt. Am deutlichsten wurde dies, als die chinesische Politik sich nach den spektakulären See-Expeditionen des Admirals Zheng-He, die ihn im diplomatischen Auftrag des Kaisers mit großer Besetzung erfolgreich an entfernte Küsten Asiens und Afrikas geführt hatten, in den 1430er Jahren entschied, sich vom Seehandel abzukehren, die Flotte verfallen zu lassen, den eigenen Kaufleuten die Auslandsreisen zu erschweren und sich vor allem nach innen zu wenden. Diese viel diskutierte, langfristig wirksame Kursänderung hing sicherlich mit der viel Kraft erfordernden Aufgabe zusammen, das Reich im Norden gegen die Mongolen und andere mögliche Angreifer zu schützen. Sie resultierte aus einer internen Machtverschiebung, durch die sich in dem spannungsreichen Mit- und Gegeneinander von Staatsmacht und Marktwirtschaft, von Kaufleuten als Junior- und Beamten als Seniorpartnern eine konservativere Fraktion aus Grundbesitzern und konfuzianischen Beamten durchsetzte. Das immer vorhandene Misstrauen gegen Kommerz und Kapitalakkumulation gewann die Oberhand. Die politisch kontrollierte und eingebettete chinesische Form des Kaufmannskapitalismus erwies sich gegenüber der politischen Umsteuerung durch einen mächtigen Zentralstaat als wenig widerständig und nicht als robust.[22]

Ein zweiter Hauptraum des mittelalterlichen Kaufmannskapitalismus befand sich im arabischen Großreich, das unter den Omajjaden und Abbasiden vom späten 7. bis zur Mitte des 13. Jahrhunderts bestand, das westliche Asien, Nord-Afrika und die Iberische Halbinsel umfasste und den Islam als Weltreligion etablierte. Schon in der Entstehung des Islam Anfang des 7. Jahrhunderts fehlte es nicht an kaufmannskapitalistischen Elementen. Mekka und Medina waren damals lebhafte, an bedeutenden Karawanenrouten gelegene Kaufmannsstädte. Mohammed selbst stammte aus städtisch-kaufmännischem Milieu. Die Verbreitung des Islams Hand in Hand mit dem Aufbau eines arabisch dominierten, moslemisch geprägten Staates, bald eines Reichs, geschah ungemein rasch, aber nicht primär mit den Mitteln der Kaufleute und den Expansionskräften des Marktes, vielmehr durch Gewalt, Krieg und Eroberung – mit der enormen Schubkraft einer neu gestifteten, universelle Ansprüche verfolgenden, missionarischen Religion und mit hoch effizienten Söldnerheeren, die sich nach dem Niedergang des Römischen Reichs und der mittelöstlichen Reiche schnell durchsetzten, Völker unterwarfen, Beute in großem Stil machten und sich durch einen ständigen Zustrom von Sklaven, meist aus dem Bestand der geschlagenen Feinde, ergänzten. In wenigen Jahren (bis 632) wurde die arabische Halbinsel unterworfen, in zwei weiteren Jahrzehnten der Nahe und Mittlere Osten sowie Ägypten und Libyen besetzt, und im späten 7. und frühen 8. Jahrhundert folgte die Einverleibung Nordwest-Indiens, des westlichen Nord-Afrika und der Iberischen Halbinsel.

Es war auf der Basis dieser Reichsbildung, dass persische und arabische Kaufleute und Händler, Reeder und Seefahrer, Karawanenbetreiber und Agenten aller Art die Handelswege durch den Eurasischen Kontinent und die großen Seehandelswege seit dem 8. Jahrhundert zu dominieren begannen und zugleich neue Handelsverbindungen erschlossen: nach Afrika, nach Südostasien und ins westliche Europa. Am wichtigsten blieb die große West-Ost-Verbindung vom Mittelmeer über die arabischen Wüsten, den Persischen Golf und den Indischen Ozean nach Indien, Südostasien und China. In den großen Häfen, in denen Seide und Porzellan, Gold und Silber und allerlei Metalle, aber auch Leinenstoffe und Metallwaren, edle Hölzer, Gewürze und Öle, Sklaven, Möbel und Schmuck und vieles andere umgeschlagen, gestapelt, gekauft und weiterverkauft wurden, befanden sich die dafür notwendigen Einrichtungen in den Händen von Persern und Arabern, die auch immer häufiger die Besatzungen der Schiffe stellten, die Karawanen leiteten und die nötigen Informationen bereitstellten. Offensichtlich bot das muslimisch geprägte Recht eine gute Basis, um gewerblich-kaufmännische Verträge abzuschließen, Kredite aufzunehmen und Schulden einzutreiben. Es stellte die über Grenzen hinweg realisierbaren Regeln bereit, ohne die der ohnehin riskante Fernhandel rasch verfällt. Auf der Grundlage gemeinsamer Sprache, Religion und zum Teil auch Kultur entstanden Netzwerke arabischer Kaufleute, in denen trotz aller Konflikte, Konkurrenzen und Regelverletzungen auf ein Potential von Vertrauen zurückgegriffen werden konnte, um Unsicherheit zu reduzieren, Kooperation zu ermöglichen und damit Marktbeziehungen über große Distanzen und heterogene Räume hinweg zu stiften.

Doch der Aufstieg des Handels wirkte auch nach innen. Entlang den Handelswegen sammelte sich Wohlstand. Zwar dominierten in der Fläche noch überall die Subsistenzwirtschaft und die Abschöpfung erarbeiteter Werte durch herrschaftliche, nicht-marktmäßige Mittel. Aber die Einbindung vieler Orte und Regionen in die sich entwickelnden Marktbeziehungen führte zur Ausdifferenzierung der landwirtschaftlichen und gewerblichen Produkte. So kann man an Beispielen aus dem nordöstlichen Persien zwischen dem 7. und dem 11. Jahrhundert zeigen, dass sich einige Orte auf Damast oder Satin spezialisierten, andere dagegen auf die Verarbeitung von Fellen und Tierhäuten. Es gab dort Orte, die sich auf die Herstellung von Seife, Salben und Parfüm konzentrierten, andere auf Waffen, Metallgeschirr und Werkzeuge. Die handwerklich arbeitenden, aber in schwankende Preisentwicklungen einbezogenen Werkstätten beschäftigten auch Lohnarbeiter. Früchte, Rohrzucker, Gewürze und getrockneter Fisch gehörten zu den Produkten, mit denen sich spezialisierte Bauern auf überlokale Märkte wagten. Auf diese Weise wurde auch das Verhältnis zwischen Grundbesitzern, Pächtern und Sklaven/Arbeitern indirekt von sich verändernden Marktbeziehungen mitbestimmt. Zu all dem wurde die Hilfe von Händlern und Kaufleuten benötigt, auch wenn diese in der Regel noch nicht organisierend in die Produktion eingriffen.[23]

Das Kapital der Kaufleute stammte *teilweise* aus den großen Vermögen, die aus den vorangehenden Eroberungen und Raubzügen entstanden waren: ein Beispiel für gewaltsame «ursprüngliche Akkumulation», wie sie nicht selten an der Wiege des Kapitalismus stand. Familienbeziehungen mochten den Zugang zu Ressourcen aus dem Bereich der grundbesitzenden Eliten eröffnen. Geschäftspartnerschaften waren möglich und wurden für die Finanzierung und die Risikoverteilung in großen Unternehmungen genutzt, jedoch meistens nur für begrenzte

Zeit (z. B. ein oder zwei Jahre), bis das jeweilige Unternehmen, beispielsweise eine große Einkaufs- und Verkaufsreise per Schiff, beendet war. Die rechtlichen Voraussetzungen dafür bestanden, auch für Beteiligungsformen, die später in Europa mit dem Begriff «Commenda» bezeichnet wurden. *Teilweise* ergab sich das nötige Kapital aus der Reinvestition von Profiten, die zuvor durch Handel erzielt worden waren. *Schließlich* nahm man Kredite auf.

Es war in diesen islamisch geprägten Gesellschaften möglich und häufig, Geld mit Gewinn zu verleihen, und auch auf diese Weise das eigene Kapital «fruchtbar zu machen», arbeiten zu lassen – diese Vorstellung bestand. Das im Koran und im Alten Testament wie im Talmud verankerte Zinsverbot ließ sich umgehen. Einerseits bezog es sich nicht auf «Fremde»: Juden und Christen waren deshalb in der frühen islamischen Welt zum Geld- und Kredithandel prädestiniert (so wie die Juden und Araber im christlichen Abendland später). Andererseits gab es schon seit dem frühen 9. Jahrhundert eine spezielle Ratgeberliteratur, die öffentlich die Tricks erläuterte, mit denen das Zinsverbot zu umgehen war. In Arabien wurden avancierte Kreditinstrumente entwickelt, Schecks und Wechsel kamen schon vor dem Jahrtausendwechsel in Gebrauch. Schecks konnten auch über Distanzen übertragen, wenngleich wohl noch nicht richtig gehandelt werden. Das waren Techniken, die in Europa erst seit dem 12. und 13. Jahrhundert eingesetzt wurden.[24]

Der Islam nahm von Anfang an eine positive Haltung gegenüber dem Handel ein. Kaum ein islamischer Denker scheint das Gewinnstreben als solches als unmoralisch oder schädlich für den Glauben zurückgewiesen zu haben. Auch die für das frühe Christentum typische Reichtumskritik fehlte. Einflussreiche muslimische Gelehrte des 11. und 12. Jahrhunderts, so die Perser Ghazali und at-Tusi, betrachteten den Markt nicht primär als Ort der Konkurrenz oder des Kampfes, sondern als Ort der Kooperation und der Erweiterung gegenseitiger Hilfe via Arbeitsteilung und Tausch, ein wenig wie Adam Smith im 18. Jahrhundert. Staatlichen Eingriffen in die Preisbildung wurde die Legitimität abgesprochen, dabei berief man sich auf das Beispiel des Propheten. Unverschnörkelt und ohne Kritik stellte Ibn Chaldun, der arabische Historiker des 14. Jahrhunderts, fest, dass es Sache des Handels sei, Gewinn zu erzielen und Kapital zu akkumulieren, «durch Einkauf zu niedrigem und Verkauf zu hohem Preis, ganz gleich, ob es sich bei den Waren um Sklaven, Getreide, Tiere, Waffen oder Kleidung handelt». Im 11. Jahrhundert arbeitete die Literatur Qualifikationen der unterschiedlichen Kaufmannstypen heraus: dazu gehörten die Fähigkeit zur Prognose künftiger Preisentwicklungen, Kenntnisse über die Währungs- und Preisverhältnisse in anderen Ländern und der Zugang zu verlässlichen Mittelspersonen und Lagerhäusern, um günstige Verkaufsbedingungen finden und abwarten zu können. Der Kaufmann genoss gesellschaftliche Anerkennung, er besaß sogar das Zeug, wie Sindbad der Seefahrer, zum fiktionalen Helden der volkstümlichen Geschichtenerzähler zu werden. In den beiden letzten Jahrhunderten des ersten Jahrtausends entstand in einigen Teilen Arabiens ansatzweise eine kaufmannskapitalistische Bourgeoisie, deutlicher als irgendwo sonst auf der damaligen Welt. Doch an der von traditionellen Eliten, adligen Großgrundbesitzern und militärischen Führern ausgeübten politischen Macht nahmen die Kaufmannskapitalisten keinen Anteil. Die zeitweise und in Ansätzen entstehende Bourgeoisie herrschte nicht. Die arabischen Kaufleute blieben vom Staat weiter entfernt als die chinesischen – und die europäischen.[25]

3. Europa: dynamischer Nachzügler

Im globalgeschichtlichen Vergleich entwickelte sich der Handelskapitalismus im mittelalterlichen Europa relativ spät, dann aber anders als in Asien. Mit dem politischen Zusammenbruch des Weströmischen Reiches im 5. Jahrhundert und in den Instabilitäten der Völkerwanderungszeit war das wirtschaftliche Leben desintegriert und damit auch all das zusammengebrochen, was in der Antike an Kapitalismus entstanden war: ein Beispiel für den engen Zusammenhang zwischen Staats- und Marktbildung, diesmal ex negativo. Es kam in den vom Römischen Reich beherrschten und beeinflussten Teilen Europas (ausgenommen das östliche Mittelmeergebiet, das zum weiterhin bestehenden Oströmischen Reich gehörte) zur Rückentwicklung der Marktwirtschrift, Demonetarisierung und Reagrarisierung. Die Handelsbeziehungen, die einstmals von der Ostsee bis China gereicht hatten, zerrissen, Städte und Handelsplätze verkümmerten, die Landstraßen verödeten. Im Großen und Ganzen herrschten nun Hauswirtschaft und Selbstversorgung vor, wenngleich beispielsweise die Klöster oft viel mehr produzierten, als sie selbst verbrauchten, den Überschuss mit Gewinn zu verkaufen suchten, Kapital sammelten und Vorschüsse vergaben – ohne Zins, aber nicht ohne nutzbringende Sicherheiten. Der Handel war weitgehend aufs Lokale beschränkt, obwohl an den Küsten der Seehandel nie ganz abbrach und am Mittelmeer römische Traditionen überlebten.

Kapitalistische Praktiken setzten sich auch im mittelalterlichen Europa vor allem im Fernhandel durch. Zwischen dem 12. und dem 15. Jahrhundert erstreckte sich der bis dahin eher sporadische Handelsverkehr zwischen Europa und Asien mit zunehmender Dichte und Regelmäßigkeit von den norditalienischen, südfranzösischen und katalonischen Küstenstädten nach Ägypten, Palästina, Syrien und Byzanz und von dort weiter nach Osten.[26] Die Kreuzzüge des 12. Jahrhunderts, die teilweise Raubzüge waren, haben den West-Ost-Handel einerseits gestört, andererseits kräftig angekurbelt. Führend waren lange die Reeder, Kaufleute und Schiffskapitäne von Venedig, Genua und etwas später Florenz zusammen mit Pisa und Livorno, von wo Schiffe sehr bald auch durch die Meerenge von Gibraltar nach Frankreich, Flandern und England geschickt wurden. Eine andere wichtige Handelsstraße verlief durch die Meere im Norden und verband Russland, Polen und Skandinavien mit Flandern, Brabant und England. Doch entwickelten sich auch regelmäßig benutzte und zunehmend ausgebaute Handelswege über Land: so die Alpenübergänge von Italien nach Oberdeutschland und weiter nach Norden, mit Fortsetzung auf der Rhein-Straße, die von Basel bis in die Niederlande führte, wo Anschluss über die See nach England bestand; und die Verbindungen, die zwischen diesen Handelsgebieten durch den Besuch regelmäßiger Messen seit der Mitte des 12. Jahrhunderts (zunächst in der Champagne) entstanden.

Die Kaufleute, die diesen Fernhandel betrieben, folgten nicht nur kapitalistischen Grundsätzen. Vielmehr entwickelten sie, im Bemühen um die Reduzierung der erheblichen, mit langen Reisen über große Entfernungen verbundenen Risiken, genossenschaftliche Lösungen. Zur Reise über Land schlossen sie sich zu Karawanen zusammen, und ihre Schiffe schickten sie in Flotten los, nicht selten 50 bis 100, durchaus bewaffnet, um sich gegen Überfälle von Räubern und Piraten (manchmal auch von Konkurrenten!) zu schützen. In einer Zeit verbreiteten Misstrauens gegenüber Fremden und schwacher Staatlichkeit blieben reisende Kaufleute gleicher landsmannschaftlicher oder ethnischer Herkunft oft auch an den Zielorten in enger Verbindung und lebten dort gar, meist vorübergehend, getrennt von der einheimischen Bevölkerung in Faktoreien, Logen, Kontoren oder speziellen Stadtvierteln, oft mit separater Selbstverwaltung und eigener Gerichtsbarkeit: dies auf der Grundlage von Privilegien, die sie von der jeweiligen Obrigkeit für Gegenleistungen erworben hatten. In der Regel handelte es sich dabei um vorübergehende Verbindungen hoch mobiler Personen, jedoch konnten sie sich auch zu langfristigen Zusammenschlüssen weiter entwickeln. Das bekannteste Beispiel ist die Hanse.[27]

Zunächst ein Zusammenschluss fahrender Kaufleute mit gemeinsamer Herkunft aus bestimmten, meist norddeutschen Städten und *zugleich* ein mächtiges, wenn auch locker gefügtes Bündnis von zeitweise mehr als fünfzig Städten, bestimmte die «Deutsche Hanse» vom 13. bis zum 16. Jahrhundert Schifffahrt, Handel und Politik im Nord- und Ostseeraum. Man handelte mit Luxusgütern wie Gewürzen und Bernstein, aber auch mit Massengütern des täglichen Verbrauchs für breite Käuferschichten, darunter Wolle, Tuch, Pelze und Felle, Fisch, Salz und Getreide, Holz und Metallwaren. Hafenstädte wie Lübeck, Hamburg, Stettin, Danzig, Bremen, Wismar und Rostock stellten die Vororte dar, aber Städte im Binnenland wie Köln, Magdeburg und Braunschweig gehörten dem Bund ebenfalls an. Der besaß außerdem Stützpunkte (sogenannte «Kontore») an so diversen

Plätzen wie Nowgorod, Bergen, London und Brügge. Die Kaufleute der Hanse schlossen sich gern zu zweit auf mehrere Jahre zu kleinen Handelsgesellschaften zusammen und teilten sich den oftmals hohen Gewinn – man spricht für das 14. und 15. Jahrhundert von einer jährlichen Rendite von 15–20%, nach Maßgabe des eingezahlten Kapitals. Die meisten Kaufleute gehörten mehreren solchen Handelsgesellschaften an, schon um die im Seehandel hohen Risiken zu streuen. Oft schlossen sich Verwandte zusammen, die an verschiedenen Orten tätig waren. Die Methoden der Buchführung waren einfach. Die Kaufleute fungierten zugleich als ihre eigenen Bankiers und Wechsler. Kauf und Verkauf auf Kredit war die Regel, man bediente sich des bargeldlosen Geldverkehrs durch Wechsel (Eigenwechsel und Tratten). Die Kreditwürdigkeit war für den kaufmännischen Erfolg essentiell, man beobachtete sich gegenseitig und kontrollierte sich indirekt so, wenngleich jeder den Stand seines Geschäfts als Geheimnis hütete. Diese Form des Kaufmannskapitalismus blieb noch genossenschaftlich überformt und in eine enge Verbindung von Wirtschaft und Politik eingespannt. Nicht nur bestanden gemeinsame Einrichtungen, die wie die Kontore Aufgaben für die Kaufleute kollektiv wahrnahmen. Vielmehr wurden wichtige strategische Entscheidungen nicht nur von den einzelnen Kaufleuten jeweils für sich, sondern in den (nicht selten von Kaufleuten dominierten) Ratsversammlungen und Regierungen der beteiligten Städte getroffen und auf den unregelmäßig stattfindenden Hansetagen diskutiert. Der lange währende Erfolg der Hanse basierte ebenso sehr auf der korporativen, Privilegien suchenden und vergebenden, auch kriegerische Auseinandersetzungen nicht scheuenden Politik der Städte wie auf der Wahrnehmung von Marktchancen durch die einzelnen Handelsunternehmer.

Eine insgesamt dynamischere und zukunftsträchtigere Variante des Kaufmannskapitalismus wurde zwischen dem 12. und dem 15. Jahrhundert in den oberitalienischen Städten (vor allem Venedig, Pisa, Genua und Florenz) und in den oberdeutschen Städten (vor allem Nürnberg und Augsburg) entwickelt, und zwar ebenfalls vor allem im Fernhandelsgeschäft. Dazu brauchte man Methoden, um große Entfernungen zu überbrücken, wenn möglich ohne Säcke von Münzen zu transportieren. Die Projekte – etwa mehrere Monate, oft zwischen einem und zwei Jahren dauernde Schiffsreisen in entfernte Häfen, mit mehreren Zwischenstationen und mehrfachem Umschlag jeweils neuer und anderer Waren – wurden größer und erforderten mehr Kapital. Das Geschäft auf der Basis von Vorschüssen und Krediten war in Venedig schon im 12. Jahrhundert die Regel, zum Teil auf der Basis sehr hoher Zinsen (20–40% Mitte des 12. Jahrhunderts, in einigen Fällen). Das Bedürfnis zur Risikominderung war immens. Mehrere Kaufleute und stille Geldgeber taten sich zusammen und formten Gesellschaften auf Zeit. Die allermeisten betrieben Geschäfte in verschiedenen Sparten zugleich, mit verschiedenen Artikeln und Funktionen, für Spezialisierung bestand weder Raum noch Anreiz. Oft arbeitete ein Kaufmann mit mehreren Schiffen, während in anderen Fällen mehrere Kapitalbesitzer gemeinsam ein Schiff betrieben. Man strebte nach Profit, um das Kapital zu vermehren. Ein großer Teil des erforderlichen Kapitals wurde im Handel selbst generiert, aber große Summen flossen aus politisch, auch gewaltsam angeeigneten oder in der Landwirtschaft erzielten Vermögen ein. Große, ja riesige Reichtümer wurden akkumuliert, zunächst (im 12. Jahrhundert) nur im Rahmen einzelner Lebensläufe, später im Generationswechsel der Familie vererbt und noch später mit dem Ziel einer generationenübergreifenden Firma akkumuliert. Romano Mairano, ein aus kleinen Verhältnissen stammender, ungemein erfolgreicher Reeder, Kaufmann und Geldverleiher in Venedig zwischen 1150 und 1200 schenkte, was von seinem Vermögen am Ende übrig blieb, dem Kloster «San Zaccaria» (wo auch seine hinterlassenen Papiere die Jahrhunderte überdauerten). Das Vermögen der Medici in Florenz bewegte sich zwar in extremen Sprüngen mit den Zeitläuften auf und nieder, wurde aber von Generation zu Generation weitergegeben. Die Fugger in Augsburg bemühten sich erfolgreich um die Gründung eines «Hauses», das, eindeutig familienbezogen, die Generationen überdauern würde. Die Herausbildung von *Unternehmen* mit eigener Rechtsperson, unterscheidbar vom Haushalt ihrer Eigner und Betreiber, oft mit einer Vielfalt von überdies wechselnden Eigentümern, stellt eine in ihrer Bedeutung kaum zu überschätzende Weiterentwicklung des mittelalterlichen Kaufmannskapitalismus seit dem 13., vor allem im 14. und 15. Jahrhundert dar, die im älteren Kaufmannskapitalismus Chinas und Arabiens offenbar fehlte. Die insgesamt eher bescheidene, auf Warenhandel (ohne größere Geld- und Kreditgeschäfte) spezialisierte und sich vor allem im Textilbereich engagierende «Große Ravensburger Gesellschaft» existierte 150 Jahre (1380–1530).

Dieser handelskapitalistische Ausbau im hohen und späten Mittelalter wäre ohne die Erfindung neuer Methoden und ohne die Bereitstellung neuer Rechtsformen nicht möglich gewesen. Die doppelte Buchführung, die Soll und Haben genau und jederzeit abrufbar gegeneinander stellte und die Sombart als essentielles Kriterium des Kapitalismus wertete, war in norditalienischen Handelsstädten spätestens im 14. Jahrhundert in Gebrauch und galt lange als Methode «alla Veneziana». In der Handelspraxis brachte man neue, bald auch in Regelwerken bekanntgemachte Mittel der bargeldlosen Kreditvergabe, des Wechselgeschäfts und des Terminhandels hervor. Damit erweiterte man, ganz entscheidend, die räumliche und die zeitliche Dimension, innerhalb deren kaufmannskapitalistische Geschäfte stattfinden konnten. Sicherlich wurden dabei nicht nur die arabisch-indischen Ziffern – und die Null – aus dem Orient übernommen (um 1200), die das schriftliche Rechnen erleichterten, sondern es wurde auch manche Handels- und Rechnungsmethode von den arabischen Konkurrenten und Partnern abgeschaut. Unterschiedliche Rechtsformen auch für Teilhaberschaft, Partnerschaft und Kapitalvereinigung wurden entwickelt, mit Ansätzen zur Ermöglichung von Kapitalanteilen mit beschränkter Haftung (aber wohl noch ohne die Möglichkeit, Anteile zu handeln). Die wiedererweckte Tradition des Römischen Rechts mit seiner formalen Rationalität und vertragsfreundlichen Ausgestaltung half dabei mit, ohne entscheidend zu sein.[28]

Im Unterschied zu Arabien und, wie es scheint, auch zu China bewies der süd-europäische und west-europäische Kaufmannskapitalismus eine auffallende Dynamik: Er dehnte sich über den Handel hinaus aus, zum einen in Richtung *Finanzkapitalismus* mit eigenständigen Institutionen und besonderer Nähe zu den politischen Mächten, zum anderen durch erste Ansätze des Eindringens in die Welt der *Produktion*.

Bankgeschäfte – Geldwechsel, die Aufnahme und Vergabe von Krediten, Wechsel- und Girogeschäfte, die den Zahlungsverkehr vereinfachten und eigene Gewinnchancen boten, auch der Handel mit Wechselbriefen seit dem 14. Jahrhundert – enthielten spekulative Momente von Anfang an und wurden in dem Maße, in dem sie aufkamen, von den Kaufleuten mit erledigt. Als diese Geschäfte im späten Mittelalter an Umfang, Komplexität und Bedeutung rasch zunahmen, wurden sie nur zum kleineren Teil von jüdischen oder lombardischen Pfandleihern wahrgenommen, die in großer Zahl existierten, vor allem Konsumentenkredite gaben, die Not der kleinen Leute ausnutzten, oft exorbitante Zinsen nahmen und als Wucherer verschrien waren. Vielmehr wandten sich diesem Geschäft gestandene oder aufstrebende Kaufleute zu, die sich zunehmend aufs Geldgeschäft spezialisierten, wenngleich sie den Handel mit Waren nicht völlig abstießen. Banken entstanden in Genua seit dem 12., in Venedig seit dem 13., in der Toskana seit Anfang des 14. Jahrhunderts. Die florentinischen Banken – schon achtzig um 1350 – wurden europaweit führend und blieben es bis zum Ende des Mittelalters. Sie waren zumeist als familienbasierte Handelsgesellschaften organisiert und von mehreren Partnern getragen, die Kapital einzahlten, sich an der Leitung beteiligten und die Gewinne aufteilten. Die drittgrößte Bank in Florenz, die Acciaiuoli-Bank, zählte 1341 sechzehn Filialen in verschiedenen Ländern, elf Partner, zweiunddreißig Manager und eine große Anzahl von Angestellten. Auch die Bardis, Peruzzis und im 15. Jahrhundert die Strozzis und Medicis erreichten dieses Format von transnationalen Großunternehmen. Sie verdienten nicht nur an den genannten Geld-, Wechsel- und Girogeschäften. Sie verwandten ihr Kapital, die bei ihnen deponierten Einlagen und ihre Erträge auch für Beteiligungen und Kredite an Handels- und Gewerbeunternehmen. Sie betrieben solche auch selbst. Außerdem vergaben sie Anleihen an Stadtregierungen, Landes- und Grundherrschaften wie bald auch an die höchsten geistlichen und weltlichen Machthaber, die sich angesichts noch fehlender regelmäßiger Steuereinnahmen in ständiger Geldnot befanden und es schwierig fanden, ihre Kriege zu führen, ihre Repräsentationsbedürfnisse zu erfüllen und den Ausbau ihrer Territorien zu fördern. Staatsbildung und die Anfänge des Finanzkapitalismus hingen eng zusammen. Auf diese Weise begründete eine kleine Elite wohlhabender, der Hochfinanz zuzurechnender städtischer Bürger ihren Einfluss auf die Politik, doch machten sie ihre unternehmerische Existenz zugleich von den politischen Mächten und ihren wechselnden Geschicken abhängig.[29]

Bis zum Ende des Mittelalters war Kapitalismus weitgehend auf Teile des Handels und der Finanzen beschränkt. Doch früh drängte das Kaufmannskapital *punktuell* über die Sphäre der Distribution hinaus. Dies geschah einerseits im Montangewerbe mit seinem großen Kapitalbedarf und seinen auf Lohnarbeit basierenden, teilweise sehr umfangreichen Betrieben, andererseits in der Hausindustrie. Hier und da begannen Kaufleute, auf die Produktion von Waren, die sie zu vertreiben gedachten, Einfluss zu nehmen, indem sie den Produzenten Rohstoffe vorstreckten, Aufträge vorgaben und manchmal auch Werkzeuge zur Verfügung stellten. Entsprechende Beispiele finden sich vor allem in der Geschichte des Wollgewerbes Norditaliens (hier wiederum vor allem in Florenz) und der Niederlande (Flandern, Brabant) spätestens seit dem 13. Jahrhundert. In der Konsequenz veränderte sich die Arbeitsteilung zwischen den Produzenten, deren Abhängigkeit vom Markt und seinen Schwankungen nahm erfahrbar zu, und ihr Status näherte sich dem des Lohnarbeiters, da sie zwar formal selbständig blieben, aber tatsächlich Stücklohn erhielten, manchmal in Form von Vorschüssen, die sie abzuarbeiten hatten. Dabei wurde der Kaufmann zum Verleger und der Handwerker zum Heimarbeiter oder Hausindustriellen. Auch Werkstattarbeit und Zeitlohn kamen vor. Dabei nahmen die Spannungen zwischen Kapital und unmittelbaren Produzenten, zwischen Großkaufleuten und Handwerkern, zwischen Unternehmern und Arbeitern (auch Arbeiterinnen) kräftig zu. Sie speisten manchen der Tumulte und Aufstände, die in gewerblich verdichteten Gebieten des 14. Jahrhunderts häufig waren (und auch andere Gründe hatten), beispielsweise den «Tumulto dei ciompi» in Florenz 1378, der mit Waffengewalt ausgetragen und mit Hilfe der städtischen Obrigkeit niedergeschlagen wurde. Nicht immer führten die Anfänge der Hausindustrie, die sich auch in anderen Sparten fanden, beispielsweise im Nürnberger Metallgewerbe, in der Konstanzer Leinenindustrie und im süditalienischen Schiffbau, zu offenen Konflikten. Doch zeigte sich frühzeitig, dass die soziale Brisanz des Kapitalismus zunahm, sobald er sich aus der Zirkulations- in die Produktionssphäre ausdehnte und die Arbeit direkt umzugestalten begann.[30]

So weit er sich denn durchsetzte, wurde der Kapitalismus im europäischen Mittelalter von Kaufleuten getragen. Zu ihnen gehörten sehr unterschiedliche Existenzen: vom wohlhabenden, angesehenen und lang eingesessenen Patrizier mit ausgedehnter Familie und Teilhabe am Stadtregiment bis hin zum jüdischen oder lombardischen Geldwechsler, der als Wucherer verschrien war und in großer Unsicherheit am Rande der Gesellschaft lebte; vom fest eingewurzelten Angehörigen einer einflussreichen städtischen Gilde bis zum Gelegenheitskaufmann oder frisch aufgestiegenen Neureichen; vom reichen Kaufmanns-Bankier, der mit den Inhabern der höchsten Macht freundschaftlich verkehrte bis zum angestrengt reisenden Agenten, der die Lieferanten und Produzenten im proletarisierten Milieu regelmäßig aufsuchte und als Informationsbote diente. Aber Gewinnorientierung, Erfahrung im Umgang mit Geld und die Fähigkeit zur Konkurrenz auf Märkten war ihnen gemeinsam, auch wenn sie die Vorteile von Monopolen zu schätzen wussten und nach Privilegien strebten, d. h. nach Begünstigung durch die politische Macht und nach Schutz vor dem Markt. Die meisten Kaufleute im Groß- und Fernhandel gehörten zu den Gebildeten ihrer Zeit, denn sie konnten lesen, schreiben und rechnen. Ihre überregionale Orientierung, die aus dem Fernhandel folgte, gab vielen von ihnen eine gewisse Weltläufigkeit. Die in sich unsichere, aber gestaltbare Natur ihrer Geschäfte sorgte dafür, dass unternehmungslustige, ehrgeizige, erfolgshungrige, wagemutige Personen besonders stark angezogen wurden und in dem Bereich überproportional vertreten waren. Es fällt auch auf, dass sich diese Kaufleute – schon aufgrund begrenzter Nachfrage und in der Regel nur kleiner Umsätze – nicht spezialisierten. Sie handelten mit vielem und erledigten manches zugleich, sie nahmen wahr, was sich anbot oder aufdrängte, sie suchten nach Chancen und gingen wenig zimperlich mit den Gefahren um, die in jener Welt wenig entwickelter Staatlichkeit zur Normalität gehörten, sobald man den relativ behüteten Raum der ummauerten Stadt und gewohnten Gemeinschaft verließ. Scheitern war häufig. Auch große und lange erfolgreiche Unternehmen machten bankrott. Es fehlt nicht an Berichten über Abstiege großer Familien aus Wohlstand und Macht. Diese Kaufleute und Bankiers waren weit davon entfernt, sich in spezialisierter und überschaubarer Routine behäbig einzurichten. Im Kampf um kommerziellen Erfolg hatten sie wach und vorsichtig, wohl auch misstrauisch und bisweilen skrupellos zu sein. Sie kannten den Stolz auf individuell Erreichtes. Sie nahmen Eigeninteressen mit Härte wahr. Dazu gehörte übrigens auch eine gewisse Neigung zur Geheimniskrämerei. Als Matadore einer frühbürgerlichen Öffentlichkeit agierten sie nicht. Sie strebten nach Geld, aber nicht um es zu horten, sondern um es arbeiten und sich vermehren zu lassen. All das entsprach kapitalistischen Prinzipien.

Aber im Unterschied zum späteren, voll entwickelten Kapitalismus blieb das fixe Kapital im Handel naturgemäß begrenzt, und fand die Kapitalakkumulation weder schnell noch unbegrenzt statt. Das lag trotz zum Teil sehr hoher Profitraten u. a. daran, dass nur ein Teil der Gewinne zur Erweiterung der Unternehmung verwendet wurde, die ja ohnehin meist nur auf einige Jahre geplant war und von der man nicht annehmen konnte, dass sie den Tod des Kaufherrn überdauern würde. Oft ging ein großer Teil der Gewinne in den Konsum, auch und gerade in den Luxuskonsum wie auch in den Erwerb von Liegenschaften. Grund und Boden stellten damals eine dauerhafte, auf die nächste Generation der Familie vererbbare Grundlage dar, im Unterschied zum temporären Charakter des Handelskapitals, das die Zeiten nicht überdauerte. Überhaupt entsprach es den damaligen Vorstellungen vom guten bürgerlichen Leben, mit wachsendem Erfolg und fortschreitendem Alter die aufregende Handelstätigkeit durch die geruhsamere Existenz eines Rentenbeziehers zu ersetzen und dazu einen komfortablen Landsitz zu erwerben, wenn nicht gar, so im Fall einiger besonders erfolgreicher Großkaufleute, der allgemein hoch geschätzte Adelstitel und der Besitz einer Herrschaft oder Burg hinzukamen. Mit anderen Worten: Kapitalakkumulation und Unternehmenswachstum waren unter den gesellschaftlichen und kulturellen Bedingungen des Mittelalters noch lange nicht zu den dominanten Zielen geworden, wie sie es später wurden. Vielmehr blieben Gewinn und Geschäftserfolg noch Mittel zum Zweck guten Lebens.

Man muss sich klar machen, dass sich auch diese gemäßigte Variante kapitalistischer Praxis nur in Absetzung von verwurzelten Moralvorstellungen durchsetzen konnte. Die Lehre der christlichen Kirche verbot nicht nur das Geldverleihen, das Kreditgeben für Zinsen als «Wucher», jedenfalls an «Stammesbrüder», wie es in Deuteronomium (23, 19–20) hieß. Die zinstragende Kreditvergabe von Christen an Christen war insofern verboten, was weitestgehend erklärt, warum Juden in solchen Geschäften so stark vertreten waren. Die christliche Lehre, die ursprünglich im ländlich-handwerklichen Milieu entstanden war und Solidarität in Form von Brüderlichkeit hochschätzte, gab zweifellos weit verbreiteten antikapitalistischen Einstellungen Ausdruck. Gewinn als Lebensziel lehnte sie ab, Misstrauen gegenüber der Existenzform des Kaufmanns lag ihr nahe. Mit der Zeit schwächten sich diese Einstellungen zwar ab, oder sie wurden so interpretiert, dass sie mit der sich weiter entwickelnden ökonomischen Realität vereinbart werden konnten. Es gab überdies viele Methoden, das Zinsverbot zu umgehen und das lukrative Kreditgeschäft auch für Christen zugänglich zu machen. Die kirchliche Morallehre entwickelte auch gegenläufige Argumente, die Tausch, Gewinn und Wohlstand als berechtigte Entschädigungen für Unsicherheit und Mühen der Kaufleute wie auch als nützlich für das Gemeinwohl interpretierten.

Aber es bleibt ein bemerkenswertes Phänomen, dass sich im christlich geprägten Mittelalter der Kapitalismus in Europa nur gegen verbreitetes Misstrauen, moralische Ablehnung und auch intellektuelle Kritik durchsetzen konnte. Die Kaufleute trugen dem teilsweise Rechnung, und zwar durch religionskompatible Lebensführung und Symbolik, durch ausgeprägte Spenden- und Wohltätigkeit, oft auch durch die «letzte Buße» im hohen Alter in Form großer Vermögensübertragungen an Klöster und Kirchen. Die Angst vor den Höllenqualen wird auch die Geisteshaltung vieler mittelalterlicher Kaufleute geprägt haben, von denen die allermeisten, trotz aller Weltlichkeit, treue Christen waren. Doch die Dynamik des Kaufmannskapitalismus wurde durch den Antikapitalismus der christlich geprägten öffentlichen Moral kaum gebremst, wie auch in späteren Jahrhunderten die allzeit verbreitete Kapitalismuskritik die praktische Verbreitung des Kapitalismus nur sehr selten beeinträchtigt hat.[31]

4. Zwischenergebnis um 1500

Der Kaufmannskapitalismus war im Jahrtausend zwischen 500 und 1500 kein spezifisch europäisches, sondern ein globales Phänomen. Über die geschilderten Fälle Chinas, Arabiens und Europas hinaus fand er sich auch in anderen Weltgegenden, vor allem in Indien und Südostasien.[32] Offensichtlich entwickelte er sich unter sehr unterschiedlichen gesellschaftlichen, kulturellen und religiösen Bedingungen. Im globalgeschichtlichen Vergleich kam Europa spät und blieb lange rückständig, was die Ausbildung kapitalistischer Verhaltensweisen und Institutionen angeht. Das widerspricht der eurozentrischen oder doch west-zentrierten Perspektive, die sehr lange vorgeherrscht hat und gängige Zusammenfassungen zur Geschichte des Kapitalismus im Westen bis heute prägt. Es ist falsch, den Beginn des Kapitalismus erst mit dem 12. Jahrhundert zu datieren, denn in Arabien und China existierte er zu diesem Zeitpunkt längst.

Die Kapitalismen in den hier behandelten Weltregionen China, Arabien und Europa existierten nicht in Isolation voneinander. Vielmehr fanden gegenseitige Wahrnehmungen und Beeinflussungen statt, und zwar schon in der Zeit, die im Westen als Hochmittelalter verstanden wird. Was die Geschichte der Kapitalismen betrifft, hat Europa mehr von den anderen gelernt und übernommen als umgekehrt. Auch das widerspricht lange gängigem europäischen Selbstverständnis. Aber die Verflechtungen waren nicht intensiv genug, um bereits für die Zeit um 1200 oder 1300 von einem «Weltsystem» sprechen zu können.[33]

Wenngleich die kapitalistische Entwicklung in Europa hinter der in China und Arabien hinterherhinkte, erscheint sie doch bald als die dynamischere. Das zeigt sich vor allem am deutlicheren *Ausgreifen* des zunächst vor allem den Fernhandel prägenden Kapitalismus in andere Bereiche hinein: in das entstehende Finanzwesen einschließlich der Finanzierung politischer Mächte wie in die Sphäre der Produktion, vor allem in der Hausindustrie. Die Ursachen dieser in Europa ausgeprägteren Dynamik sind hier nicht genauer auszuleuchten. Religionsgeschichtliche Erklärungen kann man ausschließen. Denn die Morallehre des Christentums stellte sich den kapitalistischen Ansätzen im mittelalterlichen Europa entschiedener und hemmender in den Weg als es der Islam seit dem 7. Jahrhundert in Arabien und die ostasiatischen Religionen seit dem 10. Jahrhundert in China taten. Auch die Ausbeutung nicht-europäischer Ressourcen durch Europa kann für die Zeit bis 1500 nicht als Erklärungsfaktor herangezogen werden. Zweifellos spielten verschiedene Faktoren eine Rolle. Als entscheidend erweist sich jedoch das Verhältnis von Wirtschaft und Staat, von Marktprozessen und politischer Macht, zumindest im chinesisch-europäischen Vergleich, und zwar schon für die frühe Phase vor Beginn der europäischen Expansion in andere Weltteile.

Weder in China noch in Europa noch irgendwo sonst entwickelte sich der Kaufmannskapitalismus in klarer Distanz zu den Trägern der politischen Macht, nirgendwo kam es in jenen Jahrhunderten zu einer deutlichen *Ausdifferenzierung* von Wirtschaft und Staat. Sowohl in China wie in Europa (am wenigsten in Arabien) fanden sich engste Verflechtungen zwischen der wirtschaftlichen Macht der Kaufleute und der politischen Macht der Obrigkeiten. Staatsbildung und Marktbildung lagen überall im Gemenge. Aber in Europa war das politische System in sich vielfältig und geradezu fragmentiert, während in China ein zentralisiertes Reich bestand. Die harte, häufig kriegerische Konkurrenz zwischen Stadtstaaten, Fürstentümern, Territorialstaaten und anderen politischen Einheiten war ein zentraler Teil der europäischen, nicht aber der chinesischen Konstellation. Gleichzeitig besaßen die europäischen Städte viel bürgerschaftlich-politische Autonomie, die den chinesischen Städten fehlte. Aus der europäischen Konstellation ergab sich folgerichtig, dass die politisch Herrschenden, in Konkurrenz miteinander, die Wirtschaftspotentiale in ihren Herrschaftsgebieten förderten, während dieses Motiv die Beamtenregierungen Chinas weniger bewegte und im 15. Jahrhundert weiter zurücktrat. Während in Europa die den Kapitalismus tragenden Kaufleute, zumindest durch ihre Spitzenvertreter, direkten Einfluss auf die Politik ausübten, zum Teil durch Symbiose mit der Herrschaft in den Stadtstaaten und Bürgerstädten, zum Teil durch enge Verbindungen zu finanzierungsbedürftigen politischen Machthabern, zum Teil auch durch formelle Selbstorganisation (Gilden), blieben die Kaufleute in China wie übrigens auch in Arabien und Indien im Vorhof der Macht und viel weniger in der Finanzierung der Staatsbildung engagiert als in Europa. So erklärt sich, dass im Endeffekt trotz vieler Friktionen und Ausnahmen die Politik in Europa die Dynamik der Kaufleute und die kapitalistische Akkumulation entscheidend förderte, während die chinesische Politik sowohl die kaufmännische Dynamik wie auch die Entstehung großer Kapitalansammlungen zunächst ein Stück weit erlaubte und unterstützte, dann aber stark und misstrauisch genug war, beides zu begrenzen und schließlich, unter neuen innen- und außenpolitischen Bedingungen, auszubremsen.[34]

Bisher wurde im Wesentlichen die Herausbildung des Kapitalismus im Handel, besonders im Fernhandel, geschildert, in dem große Kaufleute und ihre Unternehmungen die entscheidende Rolle spielen. Während es sich als unmöglich herausgestellt hat, Anfänge klar zu datieren, erwiesen sich das 10. bis 14. Jahrhundert in China, das 7. bis 11. Jahrhundert in Arabien und das 12. bis 15. Jahrhundert in Europa als Phasen beschleunigten Ausbaus. Wer in marxistischer Tradition vom Kapitalismus erst sprechen will, wenn kapitalistische Prinzipien *die Produktion* steuern und die Organisation der dort stattfindenden Arbeit prägen, tendiert dazu, die voranstehend behandelten Phänomene als vorkapitalistisch einzuordnen.[35] Ich teile diese Sichtweise nicht. Der intensive Marktbezug und die starke Gewinnorientierung der Kaufleute, die relative Selbständigkeit der kommerziellen Aktionen und Institutionen, die Bedeutung von Investition und Akkumulation mit Einsatz von Krediten und Orientierung am Profit, die Herausbildung der Unternehmung (jedenfalls in Europa) und schließlich die dynamische Ausstrahlung der kapitalistischen Entwicklung über den Bereich des Fernhandels hinaus, ansatzweise auch in die Produktion (jedenfalls in Europa) – all das rechtfertigt und erzwingt die Kategorisierung der Phänomene als kapitalistisch im Sinne der anfangs entwickelten Definition. Auch bestanden kausale Zusammenhänge. Der Kaufmannskapitalismus (oder Handelskapitalismus) jener Jahrhunderte brachte Kapitalien, Verfahren und Verbindungen hervor, die in späteren, die Produktionssphäre einbeziehenden Varianten des Kapitalismus wirksam wurden.

Doch ist klar, dass es sich in vielen Hinsichten nur um Ansätze zum Kapitalismus und nicht um Kapitalismus im Vollsinn der anfangs entwickelten Definition handelte. Dass in aller Regel die kapitalistische Durchorganisation der Produktion nicht erfolgte, weder in der Landwirtschaft noch im Gewerbe, ist in der Tat als empfindliche Grenze zu diagnostizieren. Die mehrfach festgestellte Zurückhaltung wichtiger Akteure gegenüber Kapitalinvestition und –akkumulation stellt eine weitere Grenze dar, so interessant es ist und so sinnvoll es gerade angesichts heutiger Probleme sein könnte, nachzuvollziehen, wodurch diese Zurückhaltung zustande kam. Bedeutete sie doch eine soziale Einbettung und politische Regulierung des Kapitalismus zu Zwecken, die er selbst nicht setzte. Schließlich kann gar nicht entschieden genug betont werden, was in der voranstehenden Darstellung nicht hinreichend klar werden konnte: dass es sich bei den geschilderten Ausprägungen des Kapitalismus um *minderheitliche Phänomene* handelte, während Wirtschaft und Gesellschaft nach nicht-kapitalistischen Prinzipien funktionierten.

Insgesamt dominierten in den mittelalterlichen Gesellschaften Subsistenz- und Hauswirtschaft, Interaktionen ohne Marktbezug, nicht-ökonomische Formen von Abhängigkeit und Herrschaft, politisch bedingte und ständische Ungleichheit, nichtkapitalistische Kulturen, in Europa der Feudalismus. In diesem Kapitel ging es durchweg um Inseln kapitalistischer Entwicklung in einer vorwiegend nicht-kapitalistischen Umgebung. Diese Inseln konnten wieder abbröckeln, wie im chinesischen Fall; teleologische Denkmuster passen nicht. Doch insgesamt sind diese Inseln gewachsen, und die Wirkungen, die von ihnen ausgingen, weiteten sich aus.

III. Expansion

Bis etwa 1500 trat der Kapitalismus primär als Kaufmannskapitalismus auf, der Wirtschaft und Gesellschaft insgesamt nur wenig prägte. In den folgenden drei Jahrhunderten fand jedoch eine fundamentale Erweiterung des Kapitalismus statt: als räumliche Expansion im sich neu etablierenden Welthandelssystem; als Grenzüberschreitung in die Sphäre der Produktion hinein; schließlich im Hinblick auf seine gesamtgesellschaftliche Bedeutung, vor allem in den Niederlanden und England. Seine öffentliche Bewertung wandelte sich, vorwiegend zum Besseren. In dieser Phase, die aus europäischer Perspektive als Frühe Neuzeit gilt, wurde eindeutig das westliche Europa zur Leitregion der Kapitalismusgeschichte, wenngleich die globale Verflechtung gleichzeitig zunahm. Der Aufstieg des Kapitalismus, die Machtentfaltung der Territorialstaaten und die in den Kolonialismus mündende europäische Expansion bedingten sich gegenseitig.

1. Geschäft und Gewalt: Kolonialisierung und Welthandel

Nach Marx ist der Kapitalismus blut- und schmutztriefend zur Welt gekommen, als Folge von Gewalt und Unterdrückung.[36] Dies ist historisch nur die halbe Wahrheit, aber gleichwohl eine zutreffende Beobachtung, wenn man den Zusammenhang zwischen dem Aufstieg des Kapitalismus und der Kolonialisierung bedenkt. Was oft euphemistisch «Zeitalter der Entdeckungen» genannt wird, war in Wirklichkeit ein Zeitalter der teilweise gewaltsamen, teilweise kommerziellen Unterwerfung eines großen Teils der Welt durch europäische Mächte. Portugiesen und Spanier überquerten den Atlantik und plünderten die Schätze der südamerikanischen Reiche, die sie zerstörten, während sie nach Eröffnung der Route um die Südspitze Afrikas den Arabern die Kontrolle des Seewegs nach Asien entwanden und zahlreiche Häfen an den Küsten dieses Kontinents in eigene Stützpunkte umwandelten. Auf den südeuropäischen «Kronkapitalismus» (Reinhard) des 16. Jahrhunderts folgte im 17. Jahrhundert der Kaufmannskapitalismus der Niederländer, die ein Kolonialreich in Südostasien errichteten und mit Franzosen und Engländern um Einfluss in Nordamerika und Afrika stritten. Die Engländer entschieden diesen Kampf für sich und schwangen sich nach zahlreichen Kriegen mit Spaniern und Franzosen im 18. Jahrhundert zur führenden Kolonialmacht auf, die sich mit Hilfe einer riesigen Flotte einträglichen Handel verschaffte, Siedlungen errichtete und zumeist indirekte Formen der Herrschaft ausübte, in Nordamerika anders als auf dem indischen Subkontinent oder in Australien. Andere europäische Länder versuchten mitzuhalten, jedoch insgesamt vergeblich: der Spalt zwischen Westeuropa und dem sonstigen Kontinent wurde tiefer. Um 1500 kontrollierten europäische Mächte etwa 7 % des Territoriums der Welt, um 1775 waren es 35 %.

Es wäre falsch, diese spektakuläre Expansion primär als Folge des europäischen Kapitalismus zu verstehen. Unter den Triebkräften rangierten die Machtansprüche der sich konsolidierenden Territorialstaaten und ihrer Regierungen sehr weit oben. Auch christlich-missionarische Zielsetzungen spielten eine Rolle, als Triebkräfte wie als Legitimation der politischen und wirtschaftlichen Expansion. Aber ökonomische Interessen – das Streben nach Reichtum und Profit, die Gier nach Edelmetallen, die Jagd nach Handelsvorteilen, um die scharfe Konkurrenz mit anderen europäischen Mächten zu bestehen – waren entscheidende Antriebe dieses europäischen Ausgreifens in die Welt. Dementsprechend wurden die großen Expeditionen und Landnahmen im Allgemeinen von selbständig agierenden Konquistadoren, Unternehmern, Kapitänen, Abenteurern und Kaufleuten getragen, die Militärisches mit Kommerziellem verbanden. So nahmen Konquistadoren wie Hernan Cortes vor dem Aufbruch erhebliche Kredite auf, um ihre Schiffe auszurüsten, ihre Waffen zu beschaffen und ihre Leute bezahlen zu können. Ihre drückenden Schulden stachelten sie dann zu immer neuen Raubzügen an. Im Kern der europäischen Expansion in die Welt funktionierte eine dynamische Symbiose zwischen ehrgeizigen Trägern der politischen Macht, berechnenden Finanziers und wagemutigen oder auch bedenkenlosen Abenteurern. Hier zeigt sich eine irritierende Amalgamation von Handel und Krieg, eine aggressive Gemengelage aus Machtstreben, kapitalistischer Dynamik und gesetzloser Gewalt, die historisch nicht zur Regel geworden ist, aber immer wieder auftritt, bis hinein in die Gegenwart.[37]

Die Auswirkungen dieser Konstellation auf die Weiterentwicklung des Kapitalismus waren immens. Ein neues Welthandelssystem bildete sich heraus, mit dem westlichen Europa als Zentrum. Das im südlichen Amerika zunächst geplünderte, dann in den dortigen Minen massenhaft ausgebeutete Gold und Silber fand seinen Weg als Zahlungsmittel in den internationalen Handelsverkehr, beschleunigte die Inflation in Europa und endete zum großen Teil in den Tempeln und Palästen Asiens, denn nur so konnten die Europäer, die damals selbst, außer Waffen, nur wenig zu exportieren hatten, was die Inder und Chinesen interessiert hätte, die Dauerzufuhr der asiatischen Luxuswaren nach Europa bezahlen. Die vor allem niederländischen und englischen Handelsgesellschaften, Kaufleute, Reeder und Schiffskapitäne entwickelten den bis ins 18. Jahrhundert kennzeichnenden atlantischen Dreieckshandel: Sie brachten Waren des Massenverbrauchs (vor allem Textilien, Metallwaren und Waffen) aus Europa in Häfen an der afrikanischen Westküste. Von dort transportierten sie Afrikaner als Sklaven nach Amerika, wo sie vor allem in der sich entfaltenden Plantagenwirtschaft Brasiliens, der Karibik und der nordamerikanischen Südstaaten als billige Arbeitskräfte hoch begehrt waren. Schließlich beförderten sie Zucker, Tabak, Baumwolle und andere amerikanische Exportwaren nach Europa, wo sie gewinnbringend verkauft oder weiterverarbeitet wurden.

Außerdem entwickelte sich ein reger Handel innerhalb Europas, der agrarische Überschüsse, vor allem Getreide, aus Ost- und Ostmitteleuropa in die westlichen Regionen des Kontinents brachte, wo die Urbanisierung voranschritt, Exportgewerbe aufstiegen und die Nachfrage wuchs. Dadurch verschoben sich die Gravitationszentren des Fernhandels innerhalb Europas, das Mittelmeer verlor und der Atlantik gewann an Bedeutung. Entsprechend wanderten die innereuropäischen Leitregionen der kapitalistischen Entwicklung von Norditalien, Oberdeutschland und dem Ostsee-Nordseegebiet zunächst in die Niederlande und dann nach England, so dass nicht mehr Genua und Florenz, Augsburg und Lübeck, sondern zunehmend Antwerpen, dann Amsterdam und schließlich London zu Zentren der Weltwirtschaft wurden. Zweifellos brachte der immer intensivere Fernhandel große Gewinne und erhebliche Nachfragewirkungen hervor: ein entscheidender Motor der exportorientierten Plantagenwirtschaft in den Kolonien wie der Durchsetzung des Kapitalismus in Landwirtschaft und Gewerbe im westlichen Europa.[38]

2. Aktiengesellschaft und Finanzkapitalismus

Die Verquickung von Kaufmannskapitalismus und ausgreifender Kolonialisierung gab Anlass zu Innovationen. Einerseits gewann *das Unternehmen* als institutioneller Kernbestandteil des sich konsolidierenden Kapitalismus klareres Profil als jemals zuvor. Die niederländische «Vereinigte Ostindische Kompanie» (VOC) von 1602 war die wichtigste einer langen Reihe von Aktiengesellschaften, die im 16. und 17. Jahrhundert zum Zweck des Kolonialhandels in mehreren Ländern entstanden, vor allem in den Niederlanden, England und Frankreich. Andererseits entstanden neuartige und bis heute wirksame Institutionen und Praktiken des Finanzkapitalismus. Mit Effekten handelnde Börsen gibt es beispielsweise in Antwerpen seit 1531, in Amsterdam seit 1611/12 und in London seit 1698.

Während bis ins 16. Jahrhundert Handelsunternehmen vornehmlich als Personengesellschaften existiert hatten, die eine kleine Zahl relativ selbständig arbeitender und rechnender Kaufleute jeweils für sehr begrenzte Zeit zusammenführten, entstand mit der VOC eine Kapitalgesellschaft. Ihr stattliches Kapital von 6,45 Mio Gulden wurde von 219 Teilhabern, jeweils mit beschränkter Haftung, aufgebracht. Diese erhielten regelmäßig Dividenden (18% im jährlichen Durchschnitt), aber besaßen wenig Einfluss auf die Leitung der Gesellschaft. Die VOC blieb bis 1799 zusammen, während ihre Teilhaber wechselten. Dazu waren sie in der Lage, weil sie ihre Anteile an den neu entstehenden Börsen handeln konnten. Die Leitung der Gesellschaft lag in der Hand von Direktoren, die die ausgedehnte, vertikal integrierte und viele Außenstellen (vor allem in Asien) betreibende Organisation mit Hilfe eines ausgeklügelten Systems von Ausschüssen, eines systematischen Berichtwesens von Amsterdam aus leiteten, mit Hilfe eines Zentralbüros, das bald 350 Angestellte beschäftigte. Die Gesellschaft betrieb den Ankauf, den Transport und den Verkauf einer Vielzahl von Waren. Sie weitete sich aber auch punktuell zum Produktionsunternehmen aus, indem sie sich beispielsweise in Indien Salpeterfabriken und Seidenspinnereien angliederte.

In all diesen Hinsichten erscheint die VOC als ungemein modern. Was sie jedoch von späteren multinationalen Großunternehmen des 19. und 20. Jahrhunderts unterschied, war ihr Charakter als Monopolunternehmen mit weitreichenden quasistaatlichen Kompetenzen. Die Regierung der niederländischen Generalstaaten verlieh ihr das Recht, sämtliche niederländische Handelsgeschäfte östlich des Kaps der Guten Hoffnung zu betreiben, und überdies die Befugnis, «Krieg zu führen, Verträge zu schließen, Land in Besitz zu nehmen und Festungen zu bauen». Diese Rechte nahm die VOC wahr, oft in bewaffnetem Kampf mit Konkurrenten aus anderen Ländern. Der Übergang zwischen kapitalistischem Geschäft und Kriegführung war fließend. Es gab Jahre, in denen die Gesellschaft offenbar den größten Teil ihrer Einnahmen aus dem Kapern konkurrierender bzw. feindlicher Schiffe bezog.

Nicht nur der große Kapitalbedarf und die Komplexität der zu erbringenden Leistungen erklären die Entstehung dieser eigenartigen Organisation. Sie entsprach auch den politischen Bedürfnissen der Regierung in dieser Zeit, da Geschäft, Politik und Gewalt in engstem Gemenge lagen und die scharfe Konkurrenz zwischen den Staaten oft die Konkurrenz zwischen den Unternehmen innerhalb ein und desselben Landes still stellte. Die VOC war als Bündnis von Kaufleuten und Handelsgesellschaften aus allen niederländischen Provinzen auf Druck der Regierung gebildet worden, als Bündelung von Ressourcen im internationalen Wettbewerb und mit anti-spanischer, bald auch antienglischer Stoßrichtung. An anderen Handelsgesellschaften jener Zeit ließe sich ähnliches zeigen, beispielsweise an der viel kleineren englischen East India Company, die zwischen 1600 und 1858 existierte, aber auch an der niederländischen West-India Company und entsprechenden Gründungen anderer, beispielsweise skandinavischer Staaten.[39]

Geld-, Wechsel-, Transfer-, Kredit- und Versicherungsgeschäfte gehörten von Anfang an zum Kaufmannskapitalismus dazu und wurden nicht nur von den mit Warenhandel befassten Kaufleuten selbst, sondern seit dem 12. Jahrhundert zunehmend auch von darauf spezialisierten, zugleich international agierenden Banken wahrgenommen, die meist zugleich Depositen entgegennahmen und in offener oder versteckter Form verzinsten (s. o. S. 37). Dabei spielten die Kreditvergabe an Stadtregierungen, Grundherrschaften, Landesherren, Fürsten und Könige bis hinauf zu Kaiser und Papst früh eine wichtige Rolle. So betrieb der aus einer Weber- und Händlerfamilie stammende Augsburger Handelsherr Jacob Fugger nicht nur Warenhandel und Bergbauunternehmen, sondern er betätigte sich gleichzeitig als Groß-Bankier. In dieser Rolle half er, die Wahl, die Kriege und sonstigen Staatsgeschäfte der Habsburger Kaiser Maximilian I. und Karl V. zu finanzieren. Als Kaufmann und Bankier fuhr Fugger nicht schlecht. In seinem letzten Lebensjahrzehnt erreichte seine Unternehmung einen durchschnittlichen Gewinn von 54% pro Jahr. Als er 1525 starb, war er wohl der reichste Unternehmer Europas. Auch im England des 17. Jahrhunderts wurden die großen Vermögen durch Geldgeschäfte, nicht aber im Warenhandel gemacht.[40]

Zunehmend verlagerte sich das Zentrum des international dicht vernetzten, in gewisser Hinsicht kosmopolitischen Finanzkapitalismus nach Westeuropa. Die ursprünglich in Italien entwickelten Instrumente des Transfer- und Wechselverkehrs wurden in Antwerpen, Amsterdam und London weiterentwickelt und in der Praxis der immer zahlreicheren Banken den neuen Bedürfnissen angepasst. Dabei wurden private Banken zunehmend von städtischen Banken ergänzt, die seit Anfang des 17. Jahrhunderts entstanden.

Die Aktien der im Kolonialgeschäft engagierten Monopol-Kompanien stellten einen erheblichen Anteil der an den Börsen gehandelten Papiere. Das Kapital wurde verstärkt zur Ware, und die spekulativen Elemente im Umgang mit ihm nahmen sprunghaft zu. Damit wuchs nicht nur die Aussicht auf spektakuläre Gewinne, sondern auch die Gefahr großer Verluste. Beides betraf bald nicht nur eine kleine Zahl von aktiven, professionellen Handelskapitalisten, sondern auch eine zunehmende Zahl von kleineren und größeren Investoren aus breiteren Bevölkerungskreisen, die im Lauf des 17. Jahrhunderts in den westeuropäischen Metropolen lernten, ihr Glück an der Börse zu versuchen, zu wetten, zu investieren und zu spekulieren. Schon zu Beginn des 17. Jahrhunderts hatten sich zunächst mehr als tausend Interessenten gemeldet, um sich an der VOC zu beteiligen, nur achtzig davon mit mehr als 10 000 Gulden, die allermeisten mit sehr überschaubaren Summen. In der zweiten Hälfte des 17. Jahrhunderts kamen die Zeichner von niederländischen Staatsanleihen aus «allen Bevölkerungsgruppen, darunter Großbanken, städtische Führungsschichten, Versicherungen, Angehörige der Mittelschicht einschließlich von Akademikern, Beamten und kleinen Rentnern, wohlhabende Bauern und institutionelle Investoren, z. B. Kirchengemeinden und gemeinnützige Stiftungen» (van der Wee). Dem Niedergang der englischen South Sea Company im Jahr 1720 ging eine richtiggehende Spekulationsmanie voraus. Die britische Regierung hatte der Gesellschaft das Monopol für den Handel mit Südamerika einschließlich aller Rechte in den noch nicht entdeckten Gebieten (!) eingeräumt. Die Öffentlichkeit erwartete die baldige politische Schwächung Spaniens, und, daraus folgend, riesige Gewinne aus diesem Geschäft. Ein Run auf die Anteile setzte ein. Der Aktienkurs stieg im Zeitraum nur eines Monats von 120 auf 950 Pfund. Breite Bevölkerungsschichten vertrauten ihr Geld der Gesellschaft an und verloren es, als im Sommer die Blase platzte und der Kurs in den freien Fall überging. Sir Isaac Newton gehörte zu den Geschädigten. Er soll gesagt haben: «I can calculate the notions of the erratic stars, but not the madness of the multitude.»[41] Die gesamtwirtschaftlichen und gesellschaftlichen Folgen solcher Krisen blieben zwar noch sehr begrenzt. Doch über Börse und Spekulation wurden erstmals größere Bevölkerungsschichten ganz praktisch mit den Hoffnungen und Enttäuschungen, Gewinnen und Verlusten bekannt, die der Kapitalismus so reichhaltig bereit hält.

Der Aufstieg der Banken in der Frühen Neuzeit ergab sich nicht nur als Reaktion auf den wachsenden Kreditbedarf des sich ausdehnenden Handels und auf die von ihm ausgehende Nachfrage nach Vermittlungs- und Transferleistungen neuer Art. Vielmehr wurden ihre Dienste erst recht von den Herrschenden angefordert, und zwar sehr früh von den Stadtregierungen, dann aber vor allem von den Regierungen der sich machtvoll etablierenden Territorialstaaten, die für ihre zahlreichen Kriege und ihre wachsenden Repräsentationsbedürfnisse wie auch für den Ausbau ihrer Länder sehr viel mehr finanzielle Mittel benötigten, als ihnen aus eigenen Einkünften zur Verfügung standen. Monarchen und ihre Regierungen nutzten den entstehenden Finanzkapitalismus als Vehikel der inneren Staatsbildung. Sie versuchten, über die Banken einen Teil jener privaten und korporativen Vermögen für ihre Zwecke abzuschöpfen, die als Depositen oder Anleihen für die Banken erschließbar waren. Sie nutzten überdies große Handelshäuser zur Einziehung der Zölle und Steuern. Immer wieder standen sie bei den Kapitalisten hoch in der Schuld, und bisweilen nutzten sie ihre politische Macht, um sich einen Schuldenerlass zu erzwingen. Ihren Gläubigern boten sie neben hohen Zinsen Privilegien wie Monopole oder Schürfrechte, öffentliche Anerkennung und – im Falle des kriegerischen Erfolgs – Teilhabe an der Beute. Über die Zeichnung von staatlich und kommunal begebenen oder besicherten Rentenpapieren und Anleihen verbanden Angehörige der mittleren und höheren Schichten, aber auch korporative und genossenschaftliche Institutionen wie Kirchengemeinden und Stiftungen ihre ökonomische Existenz mit dem jeweiligen Gemeinwesen und seiner Regierung.

In der Konsequenz dieser Konstellation hingen die sehr großen Gewinne, aber auch die nicht seltenen Zusammenbrüche kapitalstarker Unternehmen nicht nur von Erfolgen und Misserfolgen auf den Märkten ab, sondern auch von dem Schicksal und der Willkür politischer Mächte. Die Konstellation stellte sich aber in den verschiedenen Ländern unterschiedlich dar. Als entscheidend erwies sich, wie die öffentlichen Schulden langfristig geregelt wurden. In der niederländischen Republik wie in der nach 1688/89 errichteten konstitutionellen Monarchie Englands gelang schon am Ende des 17. Jahrhunderts eine Konsolidierung der öffentlichen Schulden, für die nun die (niederländischen) Provinz- und Generalstaaten bzw. das (Londoner) Parlament und damit auch die Vertreter der finanziell potenten Bevölkerungsschichten gerade standen.

Vor diesem Hintergrund wuchsen die Kreditwürdigkeit und die Wirtschaftskraft der Niederlande und Englands beträchtlich, übrigens auch die Macht und der Spielraum der dortigen Regierungen, um Steuern zu erhöhen und gleichzeitig eine hohe öffentliche Verschuldung zu akzeptablen Zinsen aufrecht zu erhalten. Den Niederlanden gelang es, auch nach dem Abflauen ihrer handelskapitalistischen Dynamik im 18. Jahrhundert, weiterhin bankwirtschaftlich und finanzkapitalistisch eine zentrale Rolle für Europa und die Welt zu spielen. Zur erfolgreichen Erneuerung der öffentlichen Finanzen in England gehörte die Errichtung der Bank of England 1694, die zwar privatwirtschaftlich organisiert war, aber rasch zu einer Art Zentralbank wurde, die Rolle des «lender of last resort» übernahm und die Geldpolitik des Landes entscheidend mitbestimmte: ein wichtiger Beitrag sowohl zur Staatsbildung wie auch eine ideale Bedingung für die Weiterentwicklung des Kapitalismus.[42]

3. Plantagenwirtschaft und Sklaverei

«Anscheinend wurden fast alle Bestandteile des finanziellen Apparats, die wir mit dem Kapitalismus verbinden – Zentralbanken, Anleihenmärkte, Leerverkäufe, Brokerfirmen, Spekulationsblasen, Verbriefung, Renten –, nicht nur vor der Entstehung der ökonomischen Wissenschaft entwickelt (was nicht unbedingt überraschen muss), sondern auch vor der Entstehung der Fabriken und der Lohnarbeit.»[43] In der Tat, um 1750 war der Kapitalismus mit seinen globalen Verflechtungen als Handels- und Finanzkapitalismus in Westeuropa etabliert, ohne dass eine kapitalistische Umgestaltung der Produktionssphäre schon stattgefunden hätte. Die kam durchgreifend erst mit der Industrialisierung, die in England in der 2. Hälfte des 18. Jahrhunderts (siehe unten Kap. IV) begann. Jedoch spurlos war die Ausbreitung des frühneuzeitlichen Kapitalismus an der Produktionssphäre nicht vorbeigegangen, ganz im Gegenteil. Im Folgenden werden die wichtigsten Arenen skizziert, in denen der Kapitalismus auch schon vor der Industrialisierung die Arbeitswelt umgestaltete: Plantagenarbeit, Landwirtschaft und protoindustrielles Gewerbe.

Wer gewohnt ist, Kapitalismus mit «doppelt freier Lohnarbeit» zu assoziieren – die Arbeit frei von nicht-ökonomischem Zwang und frei vom Besitz an Produktionsmitteln, auf vertraglicher Grundlage rekrutiert und im Rahmen eines Tauschverhältnisses Arbeitskraft gegen Lohn bezahlt – muss sich erst an den irritierenden Gedanken gewöhnen, dass die Durchsetzung des frühneuzeitlichen Kapitalismus außerhalb Europas und zum Teil auch im Osten des Kontinents zur massenhaften *Zunahme unfreier Arbeit* geführt hat. Schon die Ausbeutung der südamerikanischen Silberminen durch Portugiesen und Spanier im 16. Jahrhundert hatte großteils auf Zwangsarbeit basiert, in die einheimische Indianer gepresst wurden, an der sie litten und durch die sie oft umkamen. Die zunächst niederländische, dann portugiesische Kolonie Brasilien war vom späten 16. Jahrhundert bis zum späten 17. Jahrhundert der größte Zuckererzeuger der Welt, primär für den Export nach Europa. Aus der zwischen den Kolonialmächten umstrittenen Karibik wurde zunächst Tabak und dann ebenfalls Zucker in großen Mengen exportiert, z. B. aus Barbados bis in die 1820er Jahre. Die Pflanzer in Virginia und South Carolina verlegten sich auf die Produktion und den Export von Tabak, Reis und Indigo, seit dem späten 18. Jahrhundert vor allem auf Baumwolle. Der massenhafte Anbau dieser Stapelgüter kam als Folge der Kolonialisierung zustande und resultierte vornehmlich aus Initiativen und Investitionen europäischer Kaufleute und Handelsunternehmen sowie – zunehmend – zugewanderter Agrarunternehmer im Land. Das System war ein Produkt des damaligen Kapitalismus.

Die Produktion erfolgte weitgehend im Plantagensystem, das auch in anderen Weltgegenden, so in Indien, Südostasien und Teilen Afrikas über die Jahrhunderte zur Anwendung kam. Plantagen waren landwirtschaftliche Großbetriebe, die sich auf die Erzeugung hochwertiger Stapelgüter für den Export spezialisierten, nicht selten in Monokultur. Der in ihnen nötige Kapitaleinsatz war auch in den damaligen Kolonien erheblich. Der Wert einer mittelgroßen Zuckerrohrplantage mit 240 ha und 200 Sklaven wurde in Jamaika 1770 mit 19 000 Pfund angegeben. 37,5 % des Kapitals entfielen auf Sklaven, 31,5 % auf das Land und 21 % auf die Zuckerrohrmühle. Die Gewinne sollen am Anfang bis zu 50 % betragen haben, im 18. Jahrhundert pendelten sie sich bei 5 bis 10 % ein.

Angesicht der Knappheit und mangelnden Eignung einheimischer Arbeitskräfte wurden von europäischen und nordamerikanischen Sklavenhändlern vom frühen 16. bis zum 19. Jahrhundert zwischen 11 und 12 Millionen Afrikaner und Afrikanerinnen nach Amerika verkauft. Davon erhielten Westindien 48 %, Brasilien 38 % und die südlichen Regionen der (späteren) USA knapp 5 %. Der bei weitem größte Teil von ihnen landete zumindest zuerst in Plantagen, andere dienten als Haussklaven, Handwerker oder in anderen, auch wechselnden, aber vom Besitzer bestimmten Tätigkeiten.

Neben den Sklaven arbeiteten auf den Plantagen, vor allem in den südlichen britischen Kolonien des 17. Jahrhunderts, zahlreiche «indentured servants», Vertragsknechte, die sich, beispielsweise als Gegenleistung für ihre kostenlose transatlantische Überfahrt aus Europa, für fünf bis zehn Jahre zu Arbeitsdiensten verpflichtet hatten, unfreie Arbeiter auch sie. Andere Arbeiter erhielten Lohn oder Gehalt auf vertraglicher, kündbarer Basis. Das galt besonders für die Aufseher, die auf den Plantagen sehr zahlreich waren, um die harte Disziplin der meist in *gangs* organisierten Arbeitskräfte zu garantieren, die oft bis an ihre Grenzen ausgebeutet und abgenutzt wurden. Die Plantagenwirtschaft war typischerweise strenger Kalkulation und zweckrationaler Arbeitsorganisation verpflichtet, doch zugleich hatte sie etwas vom Raubbau an sich. Denn angesichts des Überflusses an Land und solange arbeitsfähige Sklaven billig zu haben waren, legte sie in beiden Hinsichten jedenfalls in den Anfangsphasen keinerlei Gewicht auf Nachhaltigkeit.

Aus kapitalismushistorischer Perspektive sei zweierlei betont. Zum einen führte die Plantagenwirtschaft exemplarisch vor, dass der sich durchsetzende Kapitalismus die Sphäre der Produktion durch Nachfrage und Investitionen, Arbeitskräfterekrutierung und Leitung fundamental umgestalten kann, ohne seine wichtigsten Prinzipien – in diesem Fall das Prinzip des freien Tausches und die Warenförmigkeit – konsequent in die Organisation der Arbeit umzusetzen. Denn die Sklaven wurden zwar in der Phase der Versklavung, des Transports und des Verkaufs an den neuen Eigentümer in extremer, sie als Menschen entwertender Weise zur Ware gemacht, die zwischen dem Sklavenjäger, Sklavenhändler und Plantagenbetreiber eingetauscht wurde. Auf der Plantage war das Verhältnis zwischen Sklavenhalter und Sklave aber nicht eines des Tauschens von Arbeitskraft gegen Lohn zwischen formal gleichberechtigten Marktteilnehmern, sondern ein Verhältnis extremer Ungleichheit zwischen Eigentümer und Eigentum. Der Kapitalismus ist offenbar – zumindest auf Zeit und unter bestimmten Bedingungen – mit unterschiedlichen Arbeitsverfassungen vereinbar. Dies gilt bis heute. Zu diesen Bedingungen gehörten im Fall der frühneuzeitlich-kolonialen Plantagenwirtschaft die Konzentration des Betriebs auf relativ homogene, viel ungelernte Arbeit erfordernde Stapelgüter, ein noch wenig entwickelter Arbeitsmarkt wie auch sehr ausgeprägte kulturelle und rassistisch aufladbare Unterschiede zwischen den Kapitalisten und Unternehmern einerseits, den Arbeitskräften andererseits.

Die Effizienz der Sklavenwirtschaft blieb begrenzt. Während die Eigentümer möglichst viel Arbeitsleistung bekommen wollten, hielten die Sklaven ihre Leistung aufgrund fehlender Motivation und latenter Resistenz oft bewusst niedrig. «Bisweilen wurde Widerstand manifest in Widersetzlichkeit, Sabotage, Mordanschlägen und Aufständen, was angesichts der afrikanischen Mehrheit von der weißen Minderheit mit demonstrativer Grausamkeit geahndet wurde» (Reinhard). Es ist wenig wahrscheinlich, dass differenzierte Landwirtschaft, qualifiziertes Gewerbe und später die Industrialisierung auf der Grundlage von Sklavenarbeit auf Dauer möglich gewesen wären. Aber die Plantagensklaverei blieb in Brasilien (Kaffee), Kuba (Zucker) und den Südstaaten der USA (Baumwolle) sowie an vielen anderen Plätzen auch noch im 19. Jahrhundert hoch rentabel. Die Beschäftigung von Sklaven wurde nicht, wie immer wieder behauptet worden ist, aufgrund ihrer ökonomischen Unterlegenheit abgeschafft, sondern zwischen 1833 (Großbritannien) und 1888 (Brasilien) auf politischen Druck hin verboten, als Ergebnis religiös-humanitären Engagements und daraus gespeister Reformbewegungen.

Zum anderen: Sklaverei hat eine lange Tradition in vielen Weltgegenden. Im 18. Jahrhundert gab es in Afrika selbst so viele Sklaven wie in Amerika. Aber unter dem Einfluss des Kapitalismus nahm die Sklaverei nicht nur im Umfang ungemein zu, sondern in Verbindung mit der harten, zu diesem Wirtschaftssystem typisch hinzugehörenden Arbeitsdisziplin konnte sie besondere Brutalität annehmen. Man kann nicht sagen, dass sich der Kapitalismus ohne seine Jahrhunderte währende Verbindung mit der Sklaverei nicht weiter entwickelt hätte. Noch ist die These zu halten, dass die Industrialisierung seit dem späten Jahrhundert aus den riesigen Gewinnen des Sklavenhandels gespeist worden ist, so unbestreitbar die Multiplikatoreffekte sind, die von ihm auf den sonstigen Handel, das Textilgewerbe, den Schiffbau und andere Wirtschaftszweige in den westeuropäischen Ländern ausgingen. Aber wenn man verstehen will, was es heißt, dass der Kapitalismus blutig und schmutzig zur Welt gekommen ist, ist es notwendig, seine Beziehung zur Sklaverei und zu anderen Formen der unfreien Arbeit im Blick zu behalten. Dieses Stück seiner Geschichte zeigt überdies, dass der Kapitalismus aus sich heraus wenig Widerstand gegen inhumane Verwendung enthält, aber unter rechtlich-politischer Beschränkung und Steuerung dazu fähig ist.[44]

4. Agrarkapitalismus, Bergbau und Protoindustrialisierung

Es wäre absolut falsch, sich die mittelalterliche und frühneuzeitliche Landwirtschaft in Europa als in sich selbst ruhendes und stagnierendes System vorzustellen. Vielmehr gab es seit dem hochmittelalterlichen Ausbau der Städte Arbeitsteilung und damit auch Handel zwischen Land und Stadt, wenngleich meist kleinräumig und elementar. Die Landwirtschaft erlebte über die Jahrhunderte hinweg tiefe Krisen und ausgeprägte Boomphasen, die Nahrungsmittelpreise differierten regional und schwankten im Zeitverlauf, die Lebenschancen der landwirtschaftlichen Produzenten differierten und schwankten mit ihnen. Es gab ausgeprägte Ungleichheit zwischen den Regionen, zwischen großen und kleinen Gütern und Höfen, zwischen Herrschaften, freien Bauern und einer in vielen Gebieten die Mehrheit der landwirtschaftlich tätigen Bevölkerung ausmachenden, zumeist ungemein abhängigen und gefährdeten Unterschicht der Landarmen und Landlosen. Damit verbunden waren zahllose Konflikte, Proteste und Repressionen. Grund und Boden wurden nicht nur vererbt, geraubt und neu zugeteilt vielmehr auch marktmäßig gehandelt, wenn auch unter einschränkenden Regeln, die regional stark variierten. Über die Jahrhunderte gelangen Fortschritte in den landwirtschaftlichen Bearbeitungsmethoden. Die Produktivität in der Landwirtschaft wuchs langsam, allerdings unterbrochen durch lange während-

Rückentwicklungsphasen und mit großen regionalen Unterschieden. Die landwirtschaftlich-ländliche Welt war niemals heil und niemals im Zustand der Ruhe.

Allerdings war die Landwirtschaft, in der die große Mehrheit der Menschen ihre Arbeit leistete und ihren Lebensunterhalt erwarb, herkömmlicherweise kein Territorium des Kapitalismus. Selbstversorgung war weit verbreitet, das heißt, die Haushalte, Höfe und Güter stellten den größten Teil dessen her, was die Menschen verbrauchten, die deshalb als Konsumenten nur ergänzend und sehr marginal in Märkte einbezogen waren. Im ländlich-landwirtschaftlichen Bereich war die Orientierung am Hergebrachten sehr, das Denken in Kategorien der Neuerung und des Wachstums kaum ausgeprägt. Die fast überall vorherrschende Sozialform des Dorfes stärkte, bei aller Ungleichheit, Gemeinschaftlichkeit statt Individualisierung und Konkurrenz, persönlichen Austausch statt anonyme Marktbeziehungen, Tradition vor Kritik.

Vor allem aber stand im größten Teil Europas der Feudalismus kapitalistischen Ansätzen im Weg. Indem er Wirtschafts- und Sozialbeziehungen aufs engste verband und Vorrechte wie Abhängigkeiten gerade nicht nur ökonomisch, sondern vor allem sozial und politisch definierte, begrenzte er den Markttausch als Regelungsmechanismus empfindlich. Er engte den wirtschaftlichen Denk- und Handlungsspielraum von Grundherren, Bauern und Angehörigen der ländlichen Unterschicht wirksam ein. Er bremste die Veränderungsdynamik, die aus neuartigen Waren und Dienstleistungen, aus der Erzielung, Investition und Akkumulation von Gewinnen wie aus der Orientierung an Wettbewerb und Wachstum folgen kann. Zwischen dem Grund- oder Gutsherren und «seinen» Bauern, Häuslern und Gesinde bestand ein mehrfach gestuftes System von Vorrechten und Abhängigkeiten. Es stattete die Herrschaft mit politischen Rechten, aber auch mit Fürsorgepflichten aus, die weit über die Rechte und Pflichten eines Arbeitgebers im kapitalistischen System hinausreichten; es verpflichtete die Untertanen, anders als die freien Bauern und anders als später die landwirtschaftlichen Lohnarbeiter, zu Abgaben und Diensten zugunsten der Herrschaft (häufig in Form ausgedehnter Fronarbeit); und es begrenzte die Freiheit der Wirtschaftssubjekte, etwa durch Bindung an die Scholle. Es gab Ober- und Untereigentum, also verschränkte Eigentumsrechte von Herren und Untertanen in Bezug auf dasselbe Stück Land, daneben auch dörfliches Gemeineigentum (Allmende, Gemeindeflur) zur Nutzung aller und insbesondere der ärmeren Dorfgenossen. In der Regel existierten in ein und derselben Region grund- bzw. gutsherrschaftlich eingebundene Bauernhöfe neben Anwesen freier Bauern und neben Domänebauern, die dem Landesherren unterstanden. Das System war komplex und variierte von Region zu Region. Es konnte sich, besonders im Westen, weitgehend monetarisieren (Abgaben statt Dienste) und ein stückweit kommerzialisieren, durch Einbau von Pachtverhältnissen. Es konnte aber auch, nach Osten hin, in harte Formen der Gutsherrschaft übergehen, in denen der Gutsherr Eigenwirtschaft betrieb und dazu Fronarbeit einforderte, während die Bindung seiner Untertanen an das Land Zwangscharakter annahm und sich zur «Leibeigenschaft» verdichtete.[45]

Es ist bemerkenswert, dass sich in dieser kapitalistischen Prinzipien abgewandten Welt der alteuropäischen Landwirtschaft Elemente des Kapitalismus dennoch einnisteten, und zwar schrittweise über lange Zeiträume hin; durchweg in enger Verbindung mit dem Handel, vor allem mit Fernhandel, der den landwirtschaftlichen Produzenten Absatzchancen eröffnete, deren Wahrnehmung ihnen als Anreiz zur Umstrukturierung der Produktionsverhältnisse diente; aber meist auch unter dem Einfluss staatlicher Eingriffe, die das Eindringen des Kapitalismus in die Landwirtschaft beförderten oder vor seinen Folgen zu schützen suchten (Bauernschutz). Als erstaunlich dauerhaft erwies sich der exportorientierte, aber feudal gebundene Agrarkapitalismus Ostmittel- und Osteuropas, der sich seit dem 16. Jahrhundert durchsetzte. Gutswirtschaften im ostelbischen Deutschland, in Polen, Böhmen und Ungarn wie auch im Baltikum produzierten Stapelgüter, vor allem Getreide, für den gewinnbringenden Export nach Westeuropa, während sie in ihrem Innern die Bindung ihrer Bauern und anderer Gutsuntertanen an die Scholle verschärften, Bauern «legten» und damit den Bereich ihrer Eigenwirtschaft vergrößerten und die Ausbeutung durch Fronarbeit verschärften. Man hat von einer «zweiten Leibeigenschaft» gesprochen. Das war ein exportorientierter Agrarkapitalismus auf der Basis unfreier Arbeit und nicht-kapitalistischer Arbeitsorganisation, der an das kapitalistisch orientierte Plantagensystem auf der Basis von Sklavenarbeit erinnert. Es übte großen sozialen und politischen Einfluss z. B. in Preußen aus und überlebte in veränderter Form auch noch, als die Bauernbefreiung des frühen 19. Jahrhunderts die rechtlichen Grundlagen der «zweiten Leibeigenschaft» beseitigt hatte.[46]

Der großbetriebliche Agrarkapitalismus auf der Basis unfreier Arbeit entwickelte sich in Gebieten mit starker Feudaltradition, geringem Verstädterungsgrad und wenig entwickelten lokalen Marktbeziehungen. Die Gutsherren schlossen Verträge mit Fernkaufleuten, die die Ware über Königsberg, Danzig oder Stettin zu den Konsumenten in Westeuropa transportierten, während die einzelnen, in ihrer Freiheit stark beschränkten Bauern kaum direkten Marktzugang in ihrer engeren Umgebung hatten. Es fehlte überdies an einer starken Landesherrschaft, die der rücksichtslosen Interessenpolitik der kapitalistisch wirtschaftenden Feudalherren Schranken hätte setzen können.

In ganz anderer Weise setzte sich der Kapitalismus in der Landwirtschaft der Niederlande durch. Dort waren die Feudaltraditionen schwach, der Verstädterungsgrad hoch und die Nachfrage nach landwirtschaftlichen Produkten ausgeprägt. In der Rückschau kann man einen sehr kontinuierlichen, schon im Hochmittelalter beginnenden Prozess der Entstehung des Kapitalismus aus der Verdichtung der Binnenmarktbeziehungen erkennen. Früh verdichtete Land–Stadt-Handelsbeziehungen reizten zur Spezialisierung der landwirtschaftlichen Produktion an, mit der Folge weiter wachsender Marktintegration und, wenn Überschüsse anfielen, auch einer Zunahme des Fernhandels. Man kaufte, verkaufte und verpachtete Ländereien. Ein regionaler Kapitalmarkt entwickelte sich. Bürger beteiligten sich mit erheblichem Kapital an florierenden Bauernwirtschaften, welche investierten und akkumulierten, an der Verbesserung der Anbaumethoden interessiert waren und neue Produkte entwickelten, während andere meist kleinere Bauernwirtschaften mit unsicheren Besitzrechten abstiegen und aufgesogen wurden. Landwirtschaftliche Lohnarbeit entwickelte sich seit dem 13. Jahrhundert. Man sagt, dass im 16. Jahrhundert bereits ein Drittel aller in den Niederlanden geleisteten Arbeit (nicht nur in der Landwirtschaft) in der Form von freier Arbeit für Lohn und Gehalt erbracht wurde. Polarisierung und Proletarisierung fanden zweifellos statt, die Ungleichheit der Einkommen und Vermögen wuchs. Um 1550 zählten 50% der landwirtschaftlichen Bevölkerung zur landarmen und landlosen Unterschicht. Aber die Herausbildung eines landwirtschaftlichen Großunternehmertums wurde verhindert, u. a. durch regierungsseitigen Bauernschutz. Die landwirtschaftliche Produktion der Region wuchs ungemein und mit ihr der Wohlstand der Niederlande.[47]

Die Entwicklung in England verlief ähnlich: schwache Feudaltraditionen, frühe Marktintegration der landwirtschaftlichen Produktion, hier weniger mit hochwertigen Spezialprodukten als vielmehr über den Export von Wolle. Nach Produktivität und Wohlstand hinkte England im 16. und 17. Jahrhundert hinter den Niederlanden her, aber an einem wichtigen Punkt lief es den Niederlanden davon: Vom 15. bis zum 18. Jahrhundert zunehmend kam es in der englischen Landwirtschaft zu ausgeprägter Unternehmenskonzentration auf Kosten absteigender und oft aufgesogener Kleinbetriebe oder Zwerggrundstücke. Dabei spielte die Privatisierung von Gemeindeland in Form der sogenannten Einhegungen (enclosures) eine viel diskutierte Rolle. Die Privatisierung von Gemeindeland und die Flurbereinigung durch Zusammenfassung von Kleinbesitz wurden oft mit Hilfe parlamentarischer Entscheidungen durchgesetzt, die, beeinflusst durch aristokratisch-großbürgerliche Machteliten, hier nicht dem Bauernschutz dienten, sondern die Herausbildung eines großbetrieblichen Agrarkapitalismus begünstigten – mit der Folge massiver Ausdehnung von Lohnarbeit und «Freisetzung» von Arbeitskräften, die in die Städte abwanderten und dort der späteren Industrialisierung zur Verfügung standen.

Zwischen dem 16. und dem 18. Jahrhundert hat sich der großbetriebliche Agrarkapitalismus auf der Basis von Eigentumskonzentration, Verpachtung und freier Lohnarbeit in England voll ausgebildet. Diese Umstrukturierung hat die soziale Ungleichheit auf dem Lande deutlich verschärft. Zugleich war sie mit grundlegenden Verbesserungen der Bewirtschaftungsmethoden verbunden. Der auch mit rascher Bevölkerungsvermehrung zusammenhängende säkulare Anstieg der Preise für landwirtschaftliche Produkte reizte Landeigentümer wie Pächter zu Investitionen an, auch zu Rodungen und Zukäufen, zu Entwässerungsmaßnahmen und zum Wegebau. Die Weidewirtschaft gewann an Bedeutung und mit ihr die systematische Tierzucht. Die Fruchtwechselwirtschaft setzte sich vollends durch. Statt traditioneller bäuerlicher Selbstgenügsamkeit regierten nun Gewinnorientierung und Erneuerungsstreben von Grundbesitzern und Pächtern, während viele Lohnarbeiter bereit waren, für höhere Löhne mehr Leistungen zu erbringen. Man hat von einer «Agrarrevolution» gesprochen. Trotz gestiegener Binnennachfrage avancierte England um 1650 zum Agrarexportland. Es ist bemerkenswert, «dass die Produktivität der englischen Landwirtschaft noch Mitte des 19. Jahrhunderts, als die anderen europäischen Staaten nachzuziehen begonnen hatten, um die Hälfte höher lag als in Frankreich und um das Doppelte höher als in Deutschland, Schweden und dem europäischen Teil von Russland. Gemessen in Kalorien pro Arbeiter war die Produktivität doppelt so hoch wie in Frankreich und dreimal so hoch wie in den anderen drei Regionen.»[48]

Auch das Gewerbe war in Europa traditionell kapitalismusfern organisiert, teilweise im Rahmen der Hauswirtschaft für den eigenen Verbrauch (z. B. die Herstellung von Tuchen und Kleidung), teilweise als Nebengewerbe neben der landwirtschaftlichen Haupttätigkeit (so lange in Nord-, Ost- und Südosteuropa), teilweise als bezahlte Dienstleistung bisweilen im Haus der Kundschaft (Lohnwerk, Tagelöhner), vor allem aber als selbständig betriebenes *Handwerk*. Im Handwerksbetrieb wurden Waren für den Verkauf produziert, aber im Prinzip entweder auf Bestellung des Kunden oder auf Vorrat, um sie auf

Märkten der unmittelbaren Umgebung oder auch im eigenen Kramladen zu vertreiben, nicht aber für die Zirkulation auf unpersönlichen, durch Kaufleute vermittelten Märkten. Das Handwerk fußte auf der Vereinigung von Arbeit und Besitz, d. h. der Eigentümer arbeitete selbst mit seinen Händen, gegebenenfalls von wenigen Helfern (Gesellen und Lehrlingen) unterstützt, nicht aber als Unternehmer und Arbeitgeber einer größeren Zahl von Arbeitnehmern. Herkömmlicherweise war das Handwerk korporativ-zünftig reguliert, d. h. der Handwerker hatte der für seinen Beruf zuständigen Zunft anzugehören und deren kollektiv festgesetzte Regeln zu befolgen. Die Regeln fußten auf dem Grundsatz der brüderlichen Gleichheit und dem Bewusstsein eines kollektiven Monopols, nicht aber auf dem Prinzip der Konkurrenz; sie zielten auf Gewährleistung einer auskömmlichen, standesgemäßen Nahrung für jeden Zunftgenossen, nicht aber auf maximalen Gewinn; sie sollten dafür sorgen, «dass der Reiche den Armen nicht verderbe»; sie normierten die erlaubten Arbeitspraktiken im Einzelnen und setzten Obergrenzen des Umfangs, den ein Handwerksbetrieb der jeweiligen Sparte erreichen durfte; damit erschwerten sie Innovation und standen der Akkumulation im Weg. Auch wo organisierte Zünfte mit solchen Regeln fehlten, waren Vorstellungen von auskömmlicher Nahrung, gerechtem Verdienst und moralischer Ökonomie im mittelalterlichen und frühneuzeitlichen Gewerbe – und damit in der Kultur der kleinen Leute – weit verbreitet.

Es gab zwar seit langem Gewerbe außerhalb des Handwerks, z. B. im früh großbetrieblichen Montangewerbe und in Form großer Werkstätten oder zentralisierter Manufakturen. Die genannten Strukturmerkmale wurden auch oft nicht voll eingelöst. So kam es früh zur Einbeziehung einiger Handwerke, insbesondere des Textilbereichs, in den überregionalen Handel, ins Exportgeschäft. Die besser gestellten städtischen Handwerker rechneten zur respektablen Mittelschicht, während viele kleinere handwerkliche Existenzen zur massenhaften Stadt- und Landarmut der vorindustriellen Zeit gehörten. Zunftregeln galten, wenn überhaupt, in den Städten, kaum aber auf dem Land. Sie wurden häufig gebrochen oder durch obrigkeitliche Eingriffe suspendiert. Ihr Charakter und ihr Inhalt variierten von Land zu Land, im Westen des Kontinents verblassten sie früher als in seiner Mitte. Doch im Prinzip unterschied sich das europäische Handwerk aufgrund seiner Struktur und seiner Kultur deutlich und grundsätzlich vom Kapitalismus.[49]

Das änderte sich mit dem Eindringen des Kaufmannskapitals ins Gewerbe. Der im Zusammenhang mit technischen Neuerungen wachsende Kapitalbedarf zwang etwa die traditionell selbständigen, meist genossenschaftlich organisierten Betreiber des Erzbergbaus («Gewerken») seit dem 15. Jahrhundert dazu, sich verstärkt an Kaufleute zu wenden, die zu finanziellem Engagement gern bereit waren, dieses aber mit der Organisation des Absatzes und mit zunehmenden Eingriffen in den Bergbaubetrieb selbst verbanden. Beispielsweise wurde das unternehmerische Bergbau-Engagement in den Alpen, den Karpaten, im Erzgebirge und im Harz eine wichtige Säule der Expansion und des Reichtums oberdeutscher Handelskapitalisten, wie an der Geschichte des Hauses Fugger im 16. Jahrhundert zu studieren ist. Dabei wurden aus ehemals selbständigen Gewerken schrittweise lohnabhängige Bergleute.[50]

Das wichtigste Einfallstor des Kapitalismus in die Welt des Gewerbes befand sich aber im Bereich der «protoindustriellen» Hausindustrie und Heimarbeit.[51] Im Kern geht es dabei um die spannungsreiche Symbiose von herkömmlichen Formen handwerklicher Handarbeit meist auf dem Lande und oft im Familienverband *einerseits* mit städtischem Kaufmannskapital, seiner überlokalen Marktorientierung und kapitalistischen Dynamik *andererseits*. Im Vollzug dieser Verbindung wurden die beteiligten Kaufleute (zum Teil) zu Verlegern, d. h. zu Handelsunternehmern mit Einfluss auf die gleichwohl dezentral bleibende Produktion, während die unmittelbaren Produzenten als Handwerker, Hausindustrielle oder Heimarbeiter eine gewisse Selbständigkeit behielten, tatsächlich aber in unterschiedlichen Formen von der Kapitalseite abhängig wurden und sich in ihrem Status dem des Lohnarbeiters annäherten.

Die Protoindustrie entstand zum kleineren Teil aus dem städtischen Handwerk, wenn es für den Export zu produzieren begann, wie die hochqualifizierten, neue Gelegenheiten wahrnehmenden Metallhandwerker Solingens oder die in Absatzschwierigkeiten steckenden Tuchmacher von Lille, beide im 17. Jahrhundert; dabei fungierten nicht nur Kaufleute, sondern bisweilen auch bisherige Handwerker als Verleger, die zünftige Bindung blieb lange erhalten. Zum größeren Teil entstand die Protoindustrie jedoch in der Umgebung der Städte, auf dem Lande, wo zu Verlegern werdende Kaufleute und andere Mittelspersonen die Unterbeschäftigung und Arbeitsbereitschaft in den klein- und unterbäuerlichen Schichten, die damit verbundenen niedrigeren Lohnkosten und das Fehlen von beengenden Zunftregeln ausnutzten und durch das Vorschießen von Rohstoffen, die Vergabe von Aufträgen und die Übernahme der Produkte für den überlokalen Markt eine «ländliche Industrie» hervorbrachten, die sich an die sonstigen ländlichen Wirtschafts- und Lebensweisen anschmiegte, diese ergänzte und langfristig veränderte. Protoindustrie dieser Art verbreitete sich vom 16. bis zum 18. Jahrhundert, zum Teil schon früher und zum Teil noch später, in ganz Europa, vor allem in weniger fruchtbaren ländlichen Gebieten, so etwa – mit Blick auf deutsche Beispiele – im Riesen- und Erzgebirge, auf der Schwäbischen Alb, im westfälischen Bergland, im Thüringer Wald, sehr früh am Niederrhein sowie in Böhmen und Schlesien. In England entwickelten sich Zentren des Textilgewerbes, der Metallwarenproduktion, aber auch der dezentralisierten Montanindustrie in vormals rein landwirtschaftlich genutzten Gebieten des Nordens und Westens. In den südlichen Niederlanden, dem späteren Belgien machte sich im 17. Jahrhundert ein Verfall des Gewerbes in den Städten bemerkbar, in den Dörfern dagegen breitete sich die Erzeugung von Tuchen, Spitzen und Waffen aus, und zwar auf Bestellung von Verlegern, die häufig sowohl Rohstoffe als auch Muster für die Produktion der bestellten Waren lieferten. Die industrielle Produktion Frankreichs wuchs im 18. Jahrhundert erheblich, durchschnittlich ein bis zwei Prozent im Jahr, hauptsächlich aufgrund ländlicher Protoindustrie. Davon gab es auch viel in Ostmitteleuropa, aber auffallend wenig südlich der Alpen und Pyrenäen.

Die *Formen* der Verbindung von lokaler Produktion und überlokalem Kapitalismus variierten. Sie reichten vom Kaufsystem (Kaufleute beschränkten sich auf die Abnahme und den Vertrieb von Produkten der ländlichen Handwerker, so z. B. im Leinengewerbe um Bielefeld) über den einfachen Verlag, in dem Verleger Rohstoffe lieferten und den Fernabsatz regelten (so über die Jahrhunderte in den Seidenindustrien Norditaliens, Basels, Antwerpens, Lyons, Krefelds und Berlins) bis zum Verlag mit zentralisiertem Manufakturbetrieb, so wenn die «Calver Zeughandlungscompanie» mit dem Hauptsitz in Augsburg ca. 5000 Spinner, Weber und andere Textilhandwerker zur Bearbeitung aller Stadien der Woll- und Wolltücherproduktion dezentralisiert beschäftigte, aber 168 von ihnen zum Färben, Bleichen und Drucken in zentralisierten Werkstätten (Manufakturen) direkt beaufsichtigte.

Das protoindustrielle System verkörperte ein Stück Kapitalismus in einer insgesamt noch vorkapitalistischen Welt. Es blieb in vielem noch sehr traditionell: Nennenswerter technologischer Fortschritt blieb aus, die Arbeit geschah mit herkömmlichen Techniken vor allem im heimischen Kontext, sehr häufig unter Teilnahme aller Familienmitglieder, oft auch als Nebenbeschäftigung im saisonalen Rhythmus und nach vorkapitalistischer Logik. Diese zeigte sich etwa daran, dass Heimarbeiter in Zeiten schlechter Konjunktur und niedriger Preise sehr viel arbeiteten, um sich über Wasser zu halten, während sie in Zeiten guter Konjunktur, wenn sie hohe Preise für ihre Produkte erzielen konnten, ihre Arbeitsleistung drosselten, denn nun konnte ja die familiale Subsistenz mit geringerem Aufwand gesichert werden. Mit der Ausdehnung des Systems wurden die Beaufsichtigung der Produzenten und die Koordination der Verläufe schwieriger, die systembedingten Grenzen von Innovation und Wachstum traten deutlich hervor. Der Übergang in eine neue Qualität der Produktion mit sich selbst weiter treibendem Wachstum war nicht angelegt; der bruchlose Übergang von der Protoindustrie zur eigentlichen Industrialisierung blieb die Ausnahme.

Auf der anderen Seite stülpte das protoindustrielle System die

Produktionsverhältnisse um und wies in die Zukunft. Es schaffte Überlebensmöglichkeiten für Millionen und trug zur Beschleunigung des demographischen Wachstums bei. Die Lebensschicksale der Heimarbeiter gerieten erfahrbar in die Abhängigkeit der Märkte und ihrer Schwankungen. Die Lebensweise veränderte sich und wurde moderner: mit mehr Gleichberechtigung zwischen den Geschlechtern und mit Teilhabe an neuen Konsumchancen, an Kolonialwaren wie Zucker, Tee und Tabak wie an modischen Neuerungen (Weiß- statt Graubrot, Wegwerfpfeifen, Taschenuhren, Vorhänge). Es war in dieser Welt des markt- und konsumbezogenen, aber dezentralisierten und haushaltsnahen Gewerbes, dass jene Erziehung zur disziplinierenden, zielgerichteten, in gewisser Hinsicht rationellen Arbeit stattfand, die der Wirtschaftshistoriker Jan de Vries als «industrious revolution» analysiert hat, und die man als frühneuzeitlichen Vorlauf zur Industrialisierung seit dem späten 18. Jahrhundert verstehen kann. Schließlich waren es auch die Ergebnisse und die Engpässe des protoindustriellen Textilgewerbes, auf die die großen Erfindungen der Industriellen Revolution – Hargreaves' Spinning Jenny (1764), Arkwrights Water Frame (1769) und Cromptons Mule (1779) – reagierten, welche dem Aufstieg der Fabrikindustrie und damit der eigentlichen Industrialisierung die Bahn brachen. Die Protoindustrialisierung hat zwar als solche nicht zum Industriekapitalismus des 19. und 20. Jahrhunderts geführt. Aber ihre Entwicklung belegt, was sich schon an der Plantagenwirtschaft, am Bergbau und der Landwirtschaft zeigte: Der Kapitalismus hat auch die Welt der Produktion lange vor der Industriellen Revolution tiefgreifend verändert. Unter kapitalismushistorischer Perspektive beeindruckt die Langfristigkeit des beobachtbaren Wandels, seine longue durée.[52]

5. Kapitalismus, Kultur und Aufklärung. Adam Smith im Kontext

Ansätze zur kapitalistischen Durchdringung von Handel, Finanzwesen, Landwirtschaft und Gewerbe gab es in allen Ländern Europas: Aber nur in den Niederlanden – den zunächst um die Selbständigkeit von spanischer Herrschaft kämpfenden

Provinzen und der seit 1579/1648 im nördlichen Teil eigenständigen Republik – und in England – seit 1688/89 parlamentarische Monarchie und seit der Einbeziehung Schottlands 1707 Vereinigtes Königreich oder Großbritannien – verdichteten sich diese Entwicklungen in einer Weise, dass der Kapitalismus zum dominanten Steuerungsprinzip wurde. In Bezug auf die Niederlande und England kann man bereits für das 17. und 18. Jahrhundert von einer voll entwickelten, sozial und kulturell ausstrahlungskräftigen kapitalistischen Wirtschaftsweise sprechen, wenngleich mit wichtigen Unterschieden.[53] Die Niederlande entwickelten sie früher und waren im 17. Jahrhundert *das* Modell für alle Modernisierer Europas, wurden aber im 18. Jahrhundert vom Vereinigten Königreich überholt, das dazu auch seine überlegene Militärmacht einsetzte, jedoch außerdem das zukunftsfähigere Grundmuster entwickelte: Während die Niederländer auf ihre besonderen Stärken im handels- und finanzkapitalistischen Bereich wie auf den Export und auf internationale Finanzierungsgeschäfte fixiert blieben, trieben die Engländer den Kapitalismus zusätzlich im Gewerbe voran und stützten ihr Wachstum stärker als die Niederländer auch auf inländische Nachfrage. Agrarkapitalismus entwickelten beide, wenngleich mit unterschiedlicher Struktur. Der Vorsprung der beiden Länder gegenüber dem großen Rest des Kontinents zeigte sich auch an ihrer fortgeschrittenen Urbanisierung.[54] Unter den Faktoren, die diesen nordwesteuropäischen Vorsprung erklären, sind drei am wichtigsten und überdies miteinander sowie mit der geographischen Rand- bzw. Insellage beider Länder verknüpft: das große Gewicht des Fernhandels schon seit dem Mittelalter (besonders im Fall der Niederlande), die traditionelle Schwäche des Feudalismus (in England mit der Herrschaftsgeschichte seit der Eroberung 1066, in den Niederlanden mit ihrer dynastischen zusammenhängend) und die unbestreitbare Führungsrolle, die beide Länder bei der Kolonialisierung der Welt durch europäische Akteure seit dem 16. Jahrhundert gespielt haben.

Doch zur Erklärung des kapitalismushistorischen Vorsprungs Nordwest-Europas muss auch auf soziale und kulturelle Eigenarten hingewiesen werden. Einige Andeutungen mit Bezug auf England müssen genügen. Zum einen lässt sich alltagsgeschichtlich im 16. und 17. Jahrhundert ein förderliches Wechselverhältnis zwischen Geschäft und Geselligkeit nicht übersehen. Es zeigte sich z. B. in den überbauten Arkaden des Gebäudes der Königlichen Warenbörse in London, in denen Kolonialwaren wie kommerzielle Literatur und Reklameschriften auslagen, Versicherungen und Notare ihre Dienste anboten, Redaktionen vertreten waren und Kaffeehäuser – 400 bis 500 soll es in London um 1700 gegeben haben – zur Information, zum Verzehr und zur Unterhaltung einluden. Geld borgen und Kredit geben war im Alltag weit verbreitet, über soziale Grenzen hinweg, und hing mit der Ausweitung des Konsums auch in breiten Bevölkerungsschichten zusammen – man hat von einer «consumer revolution» schon im 18. Jahrhundert gesprochen. Vereine und Clubs schossen seit dem späten 17. Jahrhundert wie Pilze aus dem Boden, zu geselligen Zwecken, zur Vorbereitung von Arbeitskämpfen, zur gegenseitigen Versicherung, zu Diskussion und Spiel. Sieht man genauer hin, begreift man, dass Marktbeziehungen zwar viel mit Konkurrenz und individueller Vorteilnahme zu tun haben, aber auch in der Lage sind, Vertrauen hervorzubringen und Vergesellschaftung zu fördern.

Zum anderen ist auf die Zunahme der Lesefähigkeit vor allem in der städtischen Bevölkerung und auf die zunehmende Verbreitung von Zeitungen, Büchern und Listen aller Art hinzuweisen. Auch wissenschaftliche Innovationen wurden auf diese Weise (wie über das Zusammentreffen von Wissenschaftlern und Praktikern in einschlägigen Veranstaltungen und Vereinen) öffentlich bekannt gemacht, wenn auch sicher eher in kleineren Zirkeln. Nützliches Wissen war hochgeschätzt, es wurde zum Gegenstand professioneller Vermittler, die an seiner Verbreitung verdienten.

Besuchern vom Kontinent fielen das Unterhaltungsbedürfnis und die Spielleidenschaft der Engländer auf, ebenso ihre Gier nach Neuem. Im 18. Jahrhundert wurden Glücksspiele und Sport kommerziell betrieben, Wettleidenschaft paarte sich mit der Neigung zur kühlen Kalkulation von Wahrscheinlichkeiten, und dies bei verschiedenen Gelegenheiten: bei Pferderennen,

Cricketturnieren und Hahnenkämpfen, oder auch bei Lotterien und an der Börse. Kultur- und Unterhaltungsindustrien erlebten einen Aufstieg. Es ist bemerkenswert, wie positiv große Aufklärer über Spiel, Spekulation und Unterhaltung gesprochen haben: als förderliche Voraussetzungen der *civil society* und ihrer Tugenden. Dies war keine plutokratische Gesellschaft, eine gewisse Verachtung des Geldes wurde bei Hof oder in den besseren Zirkeln mit ihrer aristokratischen Einfärbung gern zur Schau gestellt. Klassendifferenzen waren ausgeprägt und wurden stärker: was die *coffee houses* den einen, waren *brandy houses* den anderen. Gentlemen's Clubs schotteten sich ab, während Arbeiter begannen, ihre eigenen *friendly societies* zu entwickeln. Die Kultur der kleinen Leute auf dem Lande war eher an überkommenen Gewohnheiten und Vorstellungen von «Fairness», weniger an Gewinn und Fortschritt orientiert, wenngleich auch schon von Marktbeziehungen beeinflusst. Aber die aufgeführten Beispiele zeigen, dass die soziale Kultur in englischen Städten des 17. und 18. Jahrhunderts in gewisser Entsprechung zu den Prinzipien der sich durchsetzenden kapitalistischen Wirtschaft stand, ihren Durchbruch erleichterte und umgekehrt von ihr geprägt wurde.[55]

Einflussreiche Intellektuelle des 18. Jahrhunderts bahnten den Weg für eine nicht nur ökonomische, sondern auch philosophische und moralische Aufwertung des Kapitalismus, wenn sie dieses Wort auch nicht verwendeten, sondern etwa von «trade» oder «commercial society» sprachen. Bis ins 16. und 17. Jahrhundert hatten in den Theologien, Philosophien und Staatstheorien Europas kapitalismusskeptische bis kapitalismusfeindliche Stimmungen dominiert. Diese Skepsis wurde beispielsweise im republikanischen Humanismus der Renaissance mit Anleihen beim wiederentdeckten Aristoteles verstärkt und im Zeichen der Verteidigung gemeinwohlbezogener Tugenden gegen Eigennutz, privaten Reichtum und Korruption ausformuliert. Die wichtigste Wurzel der Kapitalismusskepsis war jedoch die christliche Morallehre, die im Namen brüderlicher Nächstenliebe und tugendhafter Selbstlosigkeit die Wahrnehmung von Eigeninteresse, die Anhäufung von Reichtum und vor allem jedes gewinnbringende Geldgeschäft ablehnte. Zwar haben Reformation und Gegenreformation eine «neuzeitliche Religiosität» hervorgebracht, die die «Welthaltigkeit des Glaubens» (Schilling) betonte und zur Aufwertung von Arbeit und Beruf beitrug. Max Weber hat die Förderung des kapitalistischen Geistes durch puritanisch-calvinistische Ethik betont, und zweifellos gab es vor allem in den konfessionellen Minderheiten (Mennoniten, Quäker) Unternehmer, auf die das Argument zutraf.[56]

Jedoch ergab sich eine durchgreifende Aufwertung des Kapitalismus erst aus dem Geist der Aufklärung. Unter dem Eindruck der zerstörerischen Kriege ihrer Zeit arbeiteten Autoren wie Grotius, Hobbes, Locke und Spinoza an der Neubestimmung zivilgesellschaftlicher Tugenden mit säkularisierender Stoßrichtung und im Zeichen von Menschenrechten, Freiheit, Frieden und Wohlstand. In dezidierter Abwendung vom alteuropäischen *mainstream* lobte Montesquieu 1748 den Handel als zivilisierende Kraft, die zur Überwindung von Barbarei, zur Besänftigung von Aggressionen und zur Verfeinerung der Sitten beitrage. Er sprach vom «sanftem Handel» («doux commerce»). Andere Autoren stießen in dasselbe Horn, u. a. Bernard de Mandeville und David Hume, Condorcet und Thomas Paine, also vor allem Engländer, Franzosen und Niederländer. Das allgemeine Wohl, so die Stoßrichtung der Argumente, werde gerade durch die vernünftige Verfolgung von Eigeninteressen gefördert. Der Vorteil des Einen müsse nicht der Nachteil des Anderen sein. Geschäft und Moral stünden nicht in notwendigem Gegensatz. Der Markt helfe mit, den Krieg der Leidenschaften durch das Eintreten für Interessen zu ersetzen. Er fördere Tugenden wie Fleiß und Beharrlichkeit, Rechtschaffenheit und Disziplin. Insgesamt schälte sich eine prinzipielle Bejahung der neuen kapitalistischen Tendenzen heraus. Man erwartete nicht nur, dass sie den Wohlstand vermehren, sondern auch dass sie dazu beitragen würden, eine bessere Ordnung des menschlichen Zusammenlebens zu schaffen, und zwar ohne willkürliche staatliche Eingriffe, mit Respekt für die Freiheit und die Verantwortung der Einzelnen sowie mit der Fähigkeit, Konflikte durch Kompromisse statt durch Krieg zu lösen.[57]

Die systematischste Ausformulierung dieser einerseits realistischen, andererseits utopischen Sicht legte 1776 der schottische Aufklärer Adam Smith in seiner Schrift «An Inquiry into the Nature and Causes of the Wealth of Nations» vor. Smith präsentierte nicht nur eine scharfsinnige Analyse zentraler Elemente des kapitalistischen Wirtschaftens: Arbeitsteilung, Handel, Kapitalbildung, Angebot und Nachfrage, Preismechanismen und, ganz zentral, die Fähigkeit, auf kurzfristige Belohnung im Blick auf langfristigen Nutzen zu verzichten. Er lobte die Freiheitsspielräume, die mit Tauschvorgängen (auch beim Tausch von Arbeitskraft gegen Lohn) Hand in Hand gehen, im Unterschied zu den drückenden persönlichen Abhängigkeiten, die er aus der Sklavenhalterei, der Leibeigenschaft und dem herkömmlichen Gesindedienst kannte und ablehnte. Er setzte keineswegs einseitig auf «laissez-faire», soviel Raum er den Eigeninteressen und Entscheidungen der einzelnen Marktteilnehmer auch zubilligte; vielmehr wies er auch dem Staat und der Zivilgesellschaft wichtige Funktionen zu, ohne die, wie er wusste, eine Marktwirtschaft nicht funktioniert. Er war auch weit entfernt davon, ein Bild des Menschen als eines eindimensionalen *homo oeconomicus* zu entwerfen. Zwar baute er auf das Eigeninteresse der Menschen als eine verlässliche Handlungsgrundlage. Aber er war nicht nur Ökonom, sondern auch Moralphilosoph. Er plädierte dafür, die Eigenliebe der Individuen nicht zurückzudrängen, aber ihnen eine Richtung zu geben, dass sie zur Förderung des Allgemeinwohls beitragen könnten. Diese Richtungsgebung allerdings könne man nicht dem Markt (allein) überlassen, vielmehr brauche es dafür öffentliche Moral und klug gebaute Institutionen, insbesondere zur angemessenen Regelung des Verhältnisses von Regierung, Gesellschaft und Markt. Smith kritisierte viel an der britischen Wirtschaftspolitik seiner Zeit, insbesondere ihre noch immer merkantilistische und auf Monopole setzende Außenwirtschaftspolitik. Die «commercial society», die er beschrieb, war ein in der Zukunft zu erreichendes Ziel. Er war ein Reformer. Aber er befand sich in Übereinstimmung mit den meisten Trends, die in diesem Kapitel als Erweiterung und Aufstieg des Kapitalismus, besonders in England, beschrieben worden sind.[58]

Die von Smith und anderen Aufklärern des 18. Jahrhunderts angebotene Interpretation des sich durchsetzenden Kapitalismus als *doux commerce* und Chance des gesellschaftlichen Fortschritts blendete einige seiner Schwächen aus oder rechnete sie den noch nicht hinreichend reformierten Institutionen zu, so etwa das Verhältnis von Gewalt und Geschäft in der außereuropäischen Welt dem Merkantilismus. Sie übersah die Elemente des Zwanges, die in der Durchsetzung des Kapitalismus eine wichtige Rolle spielten, etwa bei der Privatisierung von Gemeindeland und dem damit verbundenen Verlust der Existenzgrundlage von Teilen der ländlichen Bevölkerung. Wo immer sich der Kapitalismus, schon in jener Epoche, massiv durchsetzte, nahm die soziale Ungleichheit zu, wenngleich der Lebensstandard insgesamt stieg. Die Früchte des wachsenden Wohlstands, die Smith beschreibt, waren sehr ungleich verteilt.[59] Smith wusste das, aber räumte dem Befund in seinem Gedankengebäude keinen großen Stellenwert ein.

Andererseits: Adam Smith legte das beeindruckende Konzept einer Wirtschaftsordnung vor, das zu einer Gesellschaft der vernünftigen Individuen passte, wie sie Condorcet und anderen Aufklärern vorschwebte. Er war überzeugt, dass die einzelnen Individuen am besten selbst über ihre Interessen urteilen können. Er glaubte daran, dass es eine vernünftige Ordnung ohne staatlich verfügten Gesamtplan geben kann. Er misstraute, auf der Basis der Erfahrungen der zurückliegenden Jahrhunderte der Weisheit der Regierenden und der Klugheit der Tradition. Smith und das aufklärungsgeprägte Schrifttum seiner Zeit reflektieren, was auch der empirische Befund belegt: dass der Kapitalismus nicht nur durch Zwang von kleinen Eliten den widerstrebenden Massen aufgeherrscht oder übergestülpt wurde, sondern dass er als praktische Kritik an alten Ungerechtigkeiten und als Versprechen gerechter Belohnung für erfolgreiche Anstrengungen, als Erzeuger von Wohlstand und im Bündnis mit Freiheit nicht nur für Kaufleute und Unternehmer, sondern auch für Intellektuelle und vermutlich auch für viele «normal people» attraktiv sein konnte.

Aus der Rückschau wird klar, dass diese Sicht nicht unberechtigt war: Die Niederlande und England waren die beiden Länder, die im späten 18. Jahrhundert Smiths Ideal einer «commercial society» näher kamen bzw., in der hier gewählten Sprache, kapitalistischer waren als alle anderen in Europa. England und die Niederlande waren aber zugleich die wohlhabendsten und wohl auch die freiesten Länder Europas. Trotz der beobachtbaren Zunahme von sozialer Ungleichheit im Zuge der Durchsetzung des Kapitalismus war der damit gewonnene Wohlstandsgewinn groß genug, um zu gewährleisten, dass sich auch die Verdienste der Arbeiter zwischen 1500 und 1800 in London und Amsterdam nominal nach oben entwickelten und real in etwa stagnierten, während sie auf dem Kontinent, beispielsweise in Wien und Florenz, nominal in etwa stagnierten und real fielen. Das West-Ost-Wohlstandsgefälle zwischen dem nordwestlichen Rand Europas (besonders Englands) und den größten Teilen des Kontinents prägte sich bis 1800 kräftig aus, während es um 1500 noch kaum bestanden hatte.[60] Das bedeutete viel, und zwar nicht nur für die Eliten, sondern auch für die breite Bevölkerungsmehrheit. Während im mittleren Europa bis in die «hungrigen» 1840er Jahre die zerstörerische Kraft von Versorgungskrisen («Pauperismus») zunahm, trafen diese Krisen England nicht oder doch in stark abnehmender Form. Die Überwindung der malthusianischen Falle – der Ökonom Thomas Malthus sagte Anfang des 19. Jahrhunderts voraus, dass die Bevölkerung schneller wachsen werde als der verfügbare Nahrungsspielraum, falls nicht bevölkerungspolitisch gebremst würde – war um 1800 in England bereits gelungen. In großen Teilen Europas gelang sie erst mit der Industrialisierung einige Jahrzehnte später. Das war eine Frage des Überlebens für Hunderttausende.

Seit einigen Jahren hat man im Anschluss an die herausfordernden Thesen des Wirtschaftshistorikers Kenneth Pomeranz unter dem Stichwort «Great Divergence» intensiv diskutiert, warum zwar im nordwestlichen Europa, nicht aber in einem ökonomisch ähnlich weit entwickelten Territorium Ost-Chinas ein wirtschaftsgeschichtlicher Durchbruch hin zu beschleunigtem, sich selbst immer wieder neu antreibendem Wachstum gelungen ist. Die Debatte ist nicht im Hinblick auf «Kapitalismus» geführt worden, noch ist es ein Ziel dieses Büchleins, zu jener Debatte beizutragen. Doch seien dazu drei Beobachtungen angeführt, die sich aus der bisherigen Untersuchung ergeben. (1) Es ist notwendig, unter den erklärenden Faktoren *Zusammenhänge* zwischen Ökonomie, Gesellschaft, Staat und Kultur vergleichend in den Blick zu nehmen, auch wenn es primär um die Erklärung von Produktivitäts- und Wachstumsunterschieden geht. Die komplexe Realität erfordert den Blick über die reine Wirtschaftsgeschichte hinaus, der Kapitalismusbegriff kann dabei helfen. (2) Der innereuropäische Vergleich ergibt, dass der Vorsprung, den England und mit Abstrichen die Niederlande im späten 18. Jahrhundert besaßen, Folge von *langfristigen Prozessen* war, die sich über Jahrhunderte erstreckten. Auch für die Erklärung europäisch-chinesischer Unterschiede dürfte der auf langsame Veränderungen in langer zeitlicher Erstreckung gerichtete Blick unverzichtbar sein. (3) Schließlich drängt sich die große Bedeutung der aktiven Rolle staatlicher Regierungen, der Kolonialisierung und der Protoindustrialisierung geradezu auf. Diese drei Faktoren fehlten in China oder traten dort in deutlich anderer Form auf.[61] Auf dem gegenwärtigen Stand der Erkenntnis ist deutlich, dass der Kapitalismus in einer über den Kaufmannskapitalismus hinausgehenden Form und mit systemprägender Kraft um 1800 ein Phänomen Europas war, das in voller Ausprägung aber nur in Nordwesteuropa existierte, so sehr es zugleich von weltweiten Verflechtungen ermöglicht und mitbedingt worden war.

IV. Der Kapitalismus in seiner Epoche

So wenig sich der Fortschrittsoptimismus der Aufklärungszeit halten konnte, so wenig überdauerte die Deutung des Kapitalismus als Kern einer zivilisatorischen Mission. Diese Deutung war auf dem Boden des vorindustriellen Kapitalismus im

18. Jahrhundert entstanden, den Aufstieg des Industriekapitalismus überlebte sie nicht. Zu Beginn des 20. Jahrhunderts zeigten sich Intellektuelle wie Sombart und Weber von der überlegenen ökonomischen Rationalität des Kapitalismus überzeugt, aber als Motor moralischen Aufstiegs und zivilisatorischen Fortschritts sahen sie ihn nicht. Im Gegenteil, Liberale wie Weber fürchteten die zunehmende Zwanghaftigkeit und Sinnentleerung des kapitalistischen Systems, das Freiheit, Spontaneität und volle Menschlichkeit gefährden könne. Konservative und Linke fürchteten den Kapitalismus als unaufhaltsame Kraft der Erosion, die überkommene Sitten durch Verträge, Gemeinschaft durch Gesellschaft und soziale Bindung durch Marktkalkül ersetze. Die sozialistische Kritik geißelte Ausbeutung, Entfremdung und Ungerechtigkeit im Kapitalismus, während sie seinen Zusammenbruch aufgrund innerer Widersprüche voraussagte. Heute schwankt die Haltung zum Kapitalismus zwischen nüchterner Akzeptanz und scharfer Kritik. Viele halten ihn für untauglich, den Herausforderungen der Zukunft zu genügen. Als Utopie scheint die Idee des Kapitalismus ausgedient zu haben, jedenfalls in Europa. Das Ziel dieses Kapitels ist es, diesen Umschlag zu verstehen und Gesichtspunkte für seine Beurteilung bereitzustellen.

1. Industrialisierung und Globalisierung. Konturen seit 1800

Zwar setzten sich die Entwicklungen der vorausgehenden Jahrhunderte zwischen 1800 und 2000 teilweise fort. Der *Agrarkapitalismus* eroberte sich neue Regionen, als – wie fast überall im 19. Jahrhundert auf dem europäischen Kontinent – die Feudalordnung schrittweise beseitigt wurde. Im 20. Jahrhundert steigerte er sich zum globalen «Agrobusiness». Mit zunehmender Verstädterung und der Revolutionierung von Verkehr, Transport und Kommunikation gewann der *Handelskapitalismus* im 19. und 20. Jahrhundert immens an Gewicht; die dynamische Entwicklung des Massenkonsums vor allem im 20. Jahrhundert eröffnete ihm neue, hochprofitable und das Leben der Vielen verändernde Dimensionen, über die Warenhäuser und Diskontgeschäfte bis hin zu den großen Einzelhandelskonzernen der Gegenwart. Wenig ging ohne den schon im 18. Jahrhundert etablierten, sich nun ausdehnenden und ausdifferenzierenden *Finanzkapitalismus* mit Banken, Börsen und Versicherungen, später mit Investmentgesellschaften und Anlagefonds als wichtigsten Institutionen; im späten 20. und frühen 21. Jahrhundert erlebte er einen exorbitanten Ausbau, ohne den die internationale Finanz- und Wirtschaftskrise von 2008 vermutlich vermieden worden wäre. Aber das nach 1800 umwälzend Neue war die *Industrialisierung*,[62] die neben vielem anderen auch den Kapitalismus tief veränderte. Der gewann als Industriekapitalismus eine neue Qualität.

«Industrialisierung» meint einen komplexen und tiefgreifenden sozialökonomischen Wandlungsprozess, in dessen Kern – miteinander verknüpft – dreierlei stand: einmal technisch-organisatorische Neuerungen von der Entwicklung der Dampfmaschine und der Maschinisierung des Spinnens und Webens im 18. Jahrhundert bis zur Digitalisierung von Produktion und Kommunikation im späten 20. und frühen 21. Jahrhundert; zum anderen die massenhafte Ausbeutung neuer Energiequellen (zunächst Kohle, später Elektrizität aus unterschiedlichen Quellen, dann Öl, Atomkraft und erneuerbare Energien), die das Verhältnis von Mensch und Natur grundsätzlich geändert und gefährdet hat; sowie drittens die Verbreitung der Fabrik als eines arbeitsteiligen Produktionsbetriebs, der im Unterschied zum älteren Verlag zentralisiert war, im Unterschied zum Handwerksbetrieb Kraft- und Werkzeugmaschinen verwendete und eine klare Unterscheidung zwischen Leitung und Ausführung kannte. Der Ort dieses sich immer neu vorantreibenden Neuerungsprozesses war das sich industrialisierende Gewerbe, doch schwappte er sofort in die Landwirtschaft (neue Anbaumethoden, Düngung, Maschinisierung) wie ins Verkehrswesen (Anwendung der neuen Energien und Kraftmaschinen in neuartigen Fortbewegungsmitteln von der Eisenbahn und der Dampfschifffahrt bis zum Flugverkehr und zu interdependenten Transportsystemen heute), in den Bereich der Kommunikation (vom Telegrafen des mittleren 19. Jahrhunderts bis zum Internet, Medialisierung) und mit Verzögerung auch in die verschiedenen Verwaltungen hinein, die bald überproportional wuchsen, bei sich ausdifferenzierender gesamtgesellschaftlicher Arbeitsteilung. All dies führte zu einer präzedenzlosen Steigerung der Produktivität aller Produktionsfaktoren, einschließlich der menschlichen Arbeit, die zunehmend qualifiziert, aber auch intensiviert und diszipliniert wurde; zum gesamtwirtschaftlichen Wachstum, das ungleichmäßig verlief und konjunkturell schwankte, aber doch nachhaltig war, und zwar trotz wachsender Bevölkerung auch pro Kopf; vor allem aber – zumeist nach einer prekären, Knappheit und Not verschärfenden Anfangsphase – zu einer fundamentalen Verbesserung der Lebensverhältnisse, die sich an Realverdienstzugewinnen und erheblich verbesserter Versorgung auch der breiten Bevölkerung, an gesundheitlichen Fortschritten und verlängertem Leben, auch an der Zunahme von Wahlmöglichkeiten im Alltag zeigte. Überall gingen Industrialisierung und Verstädterung Hand in Hand, überall sank mit der Industrialisierung der auf die Landwirtschaft entfallende Beschäftigungsanteil zugunsten des gewerblich-industriellen und dann des «tertiären» Bereichs (vor allem Handel und Dienstleistungen), der in den entwickeltsten Ländern seit der 2. Hälfte des 20. Jahrhunderts dem nunmehr relativ schrumpfenden gewerblich-industriellen Sektor den Rang ablief, was der Rede von der «post-industriellen» Gegenwart einen gewissen Sinn verleiht.[63]

Die Industrialisierung fand zuerst seit der zweiten Hälfte des 18. Jahrhunderts in England statt, seit der ersten Hälfte oder dem zweiten Drittel des 19. Jahrhunderts in großen Teilen des europäischen Kontinents und Nordamerikas, mit Ausläufern ins östliche und südliche Europa. Als erstes asiatisches Land industrialisierte Japan seit dem späten 19. Jahrhundert. Im späten 20. Jahrhundert folgten große Teile Asiens, vor allem Südostasiens und seit den 1980er Jahren China mit rasanter Geschwindigkeit. Selten industrialisierten ganze Länder, immer nur einzelne Regionen. Je nach Zeitpunkt der Industrialisierung und in Abhängigkeit von den ökonomischen, sozialen, politischen und kulturellen Bedingungen unterschieden sich die Industrialisierungsprozesse in den verschiedenen Ländern und Regionen sehr voneinander. Nirgendwo ging es um eine bloße Übernahme des Modells Englands und dann der anderen früh industrialisierenden Länder wie USA und Deutschland, so sehr sich die Industrialisierungen auch wechselseitig beeinflussten – über Markt und Konkurrenz, in gegenseitiger Beobachtung und durch Wissenstransfer, mit Strategien der Nachahmung, Vermeidung und Anverwandlung. Zwar wird man die Industrialisierung nicht als einzigen Weg zum Wohlstand bezeichnen können, doch zwischen den industrialisierenden und den nicht-industrialisierenden Regionen hat sich das Wohlstandsgefälle in den letzten 200 Jahren immens vergrößert, innerhalb Europas wie weltweit. In der Regel lassen sich Wohlstandsrückstände nur durch irgendeine Form der Industrialisierung aufholen.[64] Im Kern eine sozialökonomische Transformation, hat die Industrialisierung gleichwohl in fast alle Lebensbereiche hineingewirkt und die Welt in begrenzter Zeit dramatisch verändert, so dass einzelne Autoren von der «gründlichsten Umwälzung menschlicher Existenz, die jemals in schriftlichen Quellen festgehalten worden ist» (Hobsbawm) oder der größten menschheitsgeschichtlichen Zäsur seit der Sesshaftwerdung in der Jungsteinzeit (Cipolla) gesprochen haben.[65] Sie ist sehr gut erforscht. Worin besteht ihr Zusammenhang mit dem Kapitalismus?

Einerseits: Als die Industrialisierung begann, hatte der Kapitalismus bereits eine lange Geschichte hinter sich. Der weltweit verbreitete Kaufmanns- oder Handelskapitalismus führte nicht zwingend zur Industrialisierung, auch nicht in seiner protoindustriell erweiterten Form. Das zeigen viele Beispiele. Umgekehrt belegt das Beispiel Sowjetunion, dass es auch Industrialisierung in nicht-kapitalistischer Form geben kann. Die Begriffe «Kapitalismus» und «Industrialisierung» definieren sich durch unterschiedliche Merkmale, es empfiehlt sich, scharf zwischen ihnen zu trennen.

Andererseits haben vorindustriell-gewerbliche Traditionen des Kapitalismus, wo immer sie bestanden, den Durchbruch der Industrialisierung, wo immer er im 19. und 20. Jahrhundert gelang, erheblich befördert. Im 19. Jahrhundert ist die Industrialisierung überall in kapitalistischen Strukturen verlaufen. Zentralverwaltungswirtschaftliche Alternativmodelle wurden unter kommunistischen Vorzeichen zwischen 1917 und 1991 ausprobiert. Sie erwiesen sich als unterlegen.[66] Auch die rasante Industrialisierung Chinas hob erst ab, als sich die dortige Parteiführung entschloss, schrittweise politische Kontrollen zu lockern und kapitalistischen Prinzipien Raum zu geben. Offensichtlich bestand (und besteht) ausgeprägte Affinität zwischen Kapitalismus und Industrialisierung: Investitionen sind für beide von ausschlaggebender Bedeutung. Zur Industrialisierung gehören die permanente Suche nach neuen Projekten und das ständige Sicheinlassen auf neue Konstellationen; die Fingerzeige und Feedbacks der Märkte waren und sind dafür unersetzbar. Die dezentrale, auf sehr viele Unternehmen verteilte Entscheidungsstruktur erwies sich dafür als unabdingbar. Langfristig erfolgreiche Industrialisierung setzt bisher Kapitalismus voraus.

Schließlich: Die Industrialisierung veränderte den Kapitalismus. Sie machte (1) die Lohnarbeit auf vertraglicher Grundlage zum Massenphänomen. Damit wurde erstmals die kapitalistische Warenform – im Tausch von Arbeitskraft gegen Lohn – voll und en masse auf menschliche Arbeit angewandt. Die Arbeitsbeziehungen wurden kapitalistisch, d. h. abhängig von schwankenden Arbeitsmärkten, für kapitalistische Zwecke strikter Kalkulation unterworfen und Gegenstand direkter Aufsicht des Arbeitgebers und Managers. Der dem Kapitalismus inhärente Klassengegensatz wurde damit offenkundig, als Herrschafts- und Verteilungskonflikt erfahrbar, kritisierbar und als Basis gesellschaftlicher Konflikte wirksam.

(2) Mit den Fabriken, Bergwerken und neuen Verkehrssystemen, der Maschinisierung und dem Ausbau der Anlagen erreichte die Akkumulation des fixen Kapitals ein Ausmaß wie nie zuvor. Neben den zahlenmäßig weiterhin dominierenden Klein- und Mittelbetrieben entstanden Großunternehmen und Unternehmenszusammenschlüsse. Damit wuchs der Bedarf an genauerer Rentabilitätskontrolle und führte im Prinzip – mit vielen Abstrichen in der Realität – zur Systematisierung der Unternehmensstruktur. Das Moment der geplanten, arbeitsteiligen und

hierarchischen Organisation gewann neben und in Verbindung mit dem Prinzip des Marktes an Boden.

(3) Technologische und organisatorische Neuerungen wurden im Industriekapitalismus ungleich wichtiger, als sie es in den vorindustriellen Spielarten des Kapitalismus gewesen waren. Die Innovationsgeschwindigkeit nahm zu. Schumpeter hat «schöpferische Zerstörung» als Kernbestand der kapitalistischen Wirtschaftsweise analysiert. Eigentlich ist sie erst mit dem Industriekapitalismus dazu geworden. Fabriken ersetzten das protoindustrielle Heimgewerbe beim Spinnen von Garn und Weben von Tuch. Dampfschiffe verdrängten das Treideln und andere traditionelle Formen des Transports auf Flüssen und Kanälen. Die Anbieter von elektrischem Licht waren bald den Gaslichtgesellschaften überlegen. Hundert Jahre später verloren die Hersteller von Schreibmaschinen ihren Markt an die Produzenten von Schreibcomputern. Mit all dem öffneten sich neue Verdienst- und Erfolgschancen für unternehmungslustige Geschäftsleute und ihre Mitarbeiter. Auch die Konsumenten profitierten in der Regel davon. Zugleich aber gab es viele Verlierer. «Die fortwährende Umwälzung der Produktion, die ununterbrochene Erschütterung der gesellschaftlichen Zustände, die ewige Unsicherheit und Bewegung zeichnet die Bourgeois-Epoche vor allen anderen aus.»[67] Dies trug zur Unpopularität, ja zur immer erneuerten Delegitimierung des Kapitalismus bei, besonders deutlich in seinen großen, immer wiederkehrenden Krisen, wie sie etwa 1873, 1929 und 2008 ausbrachen.

(4) Diese Krisen entstanden zumeist aus übermäßiger Spekulation und aus Fehlentwicklungen im Finanzsektor, jedoch wirkten sie auch auf die «Realwirtschaft» ein. Sie bedrohten nicht nur einige Spekulanten, sondern die Lebenschancen breiter Bevölkerungsschichten und konnten zu tiefen gesellschaftlichen und politischen Erschütterungen führen. Damit wurde an den Krisen deutlich, was den Kapitalismus im Zeitalter der Industrialisierung von früheren Varianten auch unterschied: dass er zum dominierenden wirtschaftlichen Regulierungsmechanismus geworden war und gleichzeitig Gesellschaft, Kultur und Politik intensiv beeinflusste, während er in früheren Jahrhun-

derten ein Inseldasein geführt hatte und in nicht-kapitalistische Strukturen und Mentalitäten eingebettet gewesen war.[68]

War er bis zur Epochenscheide von 1800 in seiner ausgeprägten Form auf wenige Regionen im Nordwesten Europas beschränkt gewesen, erreichte der durch die Industrialisierung dynamisierte Kapitalismus in der zweiten Hälfte des 20. Jahrhunderts weltweite Dimensionen. Das zeigt sich nicht nur, wie erwähnt, an der kapitalistischen Durchdringung immer neuer Länder und Regionen vor allem Ostasiens. Es zeigt sich auch an der weiter zunehmenden Interdependenz kapitalistischer Austauschprozesse über die Länder- und Kontinentgrenzen hinweg, also an der Globalisierung des Kapitalismus. Diese ist an sich kein neues Phänomen, sondern in Ansätzen seit Jahrhunderten zu beobachten, wie im vorangehenden Kapitel gezeigt wurde. Doch von den 1860er Jahren bis 1914 und erneut seit etwa 1960, besonders aber seit 1990 kam es zu Phasen erheblich beschleunigter Globalisierung, ablesbar an der Expansion des Welthandels, einer gewissen Konvergenz der Warenpreise in verschiedenen Weltregionen, dem rasant steigenden Volumen weltweiter Finanztransaktionen, dem Aufstieg multinationaler Unternehmen in breiter Front, zunehmender grenzüberschreitender Arbeitsmigration und der weltweiten Erstreckung von Krisen. Globalisierung ist zwar nicht nur ein wirtschaftliches Phänomen, vielmehr ereignet sie sich auch als grenzüberschreitende Verknüpfung in den Bereichen Kommunikation, Politik und Kultur. Doch ist der Kapitalismus nicht nur eine wichtige Triebkraft der Globalisierung, sondern zugleich ein Feld, auf dem Globalisierung stattfindet, wenngleich weiterhin nicht flächendeckend, und ohne dass die Nationalstaaten durch sie an Bedeutung verloren hätten.[69]

2. Vom Eigentümer- zum Managerkapitalismus

Analytisch ist das Kapital-Arbeits-Verhältnis für alle Varianten des Industriekapitalismus zentral (s. S. 21). Historisch variierte es sehr. Dafür war der tiefgreifende Gestaltwandel mitentscheidend, der sich in der Struktur und den Strategien der Unternehmen in den letzten 200 Jahren abgespielt hat.

Begrifflich ist zwischen Kapitalisten und Unternehmern zu unterscheiden. Der Kapitalist stellt Kapital bereit und entscheidet damit grundsätzlich über den Ort und das Ziel von dessen Verwendung, er trägt das damit verbundene Risiko und streicht gegebenenfalls die daraus sich ergebenden Gewinne ein. Die zentrale Aufgabe des Unternehmers ist es, das Unternehmen zu leiten. Dazu trifft er Entscheidungen über dessen Ziele im Einzelnen, seine Position auf dem Markt und seine Struktur im Innern, auch über den Einsatz der Arbeitskräfte.[70]

Für den typischen Leiter eines Unternehmens in der ersten Industrialisierungsphase, die auch manchmal Industrielle Revolution genannt wird, galt, dass er die Rollen des Kapitalisten und des Unternehmers in seiner Person verband. Er war Eigentümer seines Unternehmens und leitete es. Er brachte das Kapital in der Regel aus eigenen Ersparnissen, durch persönliche Anleihen, seltener über einen Bankkredit auf, vielleicht auch durch Kooperation mit einem Partner, und er haftete mit seinem gesamten Vermögen. Auch wenn es sich um eine ausgewachsene Fabrik, z. B. eine Mechanische Spinnerei und Weberei mit 100 oder 200 Arbeitern handelte, blieb das meist als Personengesellschaft verfasste Unternehmen überschaubar und im Griff des Eigentümer-Unternehmers, der sich gern als «Herr im Haus» mit umfassenden Befugnissen verstand. Dass der Boss Kapitalist und Unternehmer zugleich war, hatte für ihn legitimatorische Vorteile. Der Führungsanspruch des Unternehmers konnte mit Verweis auf das letztlich zu tragende Risiko des Kapitalisten, der Gewinnanspruch des Kapitalisten mit dem Hinweis auf die Arbeit des erfolgreichen Unternehmers gerechtfertigt werden.

Die Unternehmer der frühen Industrialisierung waren fast überall mit ihrer sozialen Umwelt aufs Engste verbunden, vor allem über ihre Familien. Das Gründungskapital wurde häufig im Familien- und Verwandtenkreis aufgebracht. An der Geschichte des internationalen Bankhauses Rothschild, an der engen Kooperation der Siemens-Brüder bei der Etablierung ihrer Unternehmen in Berlin, London und Petersburg oder an den Verwandtschaftsnetzen der vor allem Salz fördernden und vertreibenden Unternehmer im südwestchinesischen Zigong lässt sich für das 19. Jahrhundert beispielhaft zeigen, wie der Zusammenhalt der Unternehmerfamilien zur Lösung von Managementproblemen, zur Herstellung von grenzüberschreitenden Geschäftsverbindungen und zur Vernetzung mit relevanten Sozialmilieus benutzt wurde: die Familie als Voraussetzung und Mittel des Markterfolgs. Wirtschaftliches und kulturelles Kapital wurde innerhalb der Familie weitergereicht: Familienbetriebe resultierten oft aus Vererbung und zielten auf diese ab. Diese Erwartung hat nachweislich viele Eigentümer-Unternehmer zu zukunftsorientierten Investitionen motiviert. Sie waren meist energische, kühl rechnende und ihre Vorteile rücksichtslos durchsetzende Bürger – typischerweise Männer, selten nur Frauen –, die ihre Konkurrenten auszustechen und ihre Arbeiter auszunutzen verstanden. Doch ihre enge Familienbindung gab ihren Anstrengungen, ihrem Kampf mit den Konkurrenten, ggf. auch ihrer Ausbeutung der Arbeiter zusätzlichen Sinn, über das reine Gewinnmotiv hinaus. Wie wenig dieses verabsolutiert wurde, zeigte sich in Situationen, in denen Familienunternehmer auf an sich mögliche Expansionsschritte mit der Absicht verzichteten, die Familienkontrolle über das Geschäft nicht zu gefährden, was bei resoluter Kapitalerweiterung mit Hilfe von Bank oder Börse drohte. Allerdings setzten die Zwänge des Marktes solchen Entscheidungen zugunsten nicht-ökonomischer Prioritäten Grenzen. Wer bewusst auf Dynamik verzichtete, riskierte leicht seine geschäftliche Existenz.[71] Man musste vorwärts drängen, um nicht zurückzufallen; bloße Statusquosicherung erlaubte dieses Konkurrenzsystem mit seinen andauernden Innovationen nicht oder nur in einzelnen Nischen.

Man erkennt am Zusammenhang von Familie und Geschäft in der Industrialisierung, dass der Kapitalismus keineswegs brandneue gesellschaftliche Institutionen an die Stelle zerstörter älterer setzte, sondern jedenfalls für lange Übergangszeiten die von ihm hervorgebrachten sozialen Arrangements mit vorher bestehenden amalgamierte, sich in älteren Strukturen einnistete und sie nur langfristig veränderte. Insofern wirkte und wirkt er gerade nicht revolutionär. Das erklärt die Vielfalt der Formen mit, in denen der Industriekapitalismus bis heute auftritt.

Enge Verbindungen zwischen Familie und Unternehmen sind weiterhin häufig, vor allem in kleinen und mittleren («mittelständischen») Unternehmen, die überall auch heute die Mehrheit aller Unternehmen ausmachen und durch Neugründungen ständig ergänzt werden. Selbst in den Leitungsorganen der Großunternehmen, die längst aus Personen- in Kapitalgesellschaften umgewandelt oder sofort in dieser Form gegründet worden waren, blieb der Einfluss der Gründer- und Eigentümerfamilien oft auch noch in der zweiten Hälfte des 20. Jahrhunderts erheblich, so vor allem in Großbritannien und in Japan.[72] Doch insgesamt setzte sich im wachsenden Bereich der Groß- und Riesenunternehmen, die in der Regel als Kapitalgesellschaften auf Aktien- oder Anteilbasis (in Deutschland auch seit 1892 als Gesellschaften mit beschränkter Haftung – GmbH) verfasst waren, der Manager-Kapitalismus durch. Das heißt, die Leitungsfunktion ging allmählich in die Hand angestellter Unternehmer («Manager») mit beschränkter Haftung über, und es trat eine gewisse Trennung von Kapitalisten- und Unternehmerfunktion ein, wenngleich, wie erwähnt, Mischformen der Zusammenarbeit von Eignerfamilienmitgliedern und Managern häufig und dauerhaft waren, und ja überdies auch im voll ausgebildeten Manager-Kapitalismus die Kapitaleigner auf Grundentscheidungen der Unternehmen Einfluss ausüben, besonders wenn der Kapitalbesitz nicht weit gestreut ist, sondern strategische Positionen in einigen Händen konzentriert sind. Auf dem Weg zum Managerkapitalismus waren Deutschland und die USA, daneben auf eigene Weise Japan führend. Treibend waren Wachstum, Kapitalbedarf und Organisation.

Das deutsche elektroindustrielle Unternehmen Siemens beschäftigte im Inland 1854 90, 1874 650, 1894 knapp 4000, aber 1914 gut 57 000 Personen. Das größte deutsche Unternehmen – Krupp – brachte es 1887 auf 20 000 und 1907 auf 64 000, die «Vereinigten Stahlwerke» 1927 auf 200 000 Beschäftigte, das größte amerikanische Unternehmen US-Steel 1901 auf gut 100 000 und 1929 auf 440 000 Beschäftigte. In den späten 1960er Jahren arbeiteten bei Siemens weltweit 270 000 und bei der Deutschen Bank 30 000 Arbeiter und Angestellte. Diese Zahlen kletterten bis 2010 auf 370 000 und 98 000. In diesem Jahr nahmen die Deutsche Post mit 425 000 und Siemens mit 405 000 die Spitzenplätze auf der deutschen Rangliste ein, doch waren dies nur die Plätze 11 und 13 auf der Liste der weltweit größten Unternehmen, die von dem Einzelhandelskonzern Wal-Mart (mit 2,1 Mio Beschäftigten) und von China National Petroleum (mit 1,65 Mio Beschäftigten) angeführt wurde. Hinter diesen exorbitanten Steigerungen standen die unterschiedlichsten Vorgänge – neben dem inneren Wachstum vor allem Zusammenschlüsse von Unternehmen – und unterschiedliche Ziele: die Wahrnehmung von «economies of scale», d. h. von Umsatz- und Gewinnchancen unter sich ändernden technologischen und Vertriebsbedingungen (Massenproduktion und Massenmärkte), das Streben nach Größe und damit nach Reichtum, Ansehen und Macht, auch wenn sie sich betriebswirtschaftlich nicht auszahlten; oft auch Expansion aus defensiven Motiven, denn angesichts aggressiver Konkurrenz führt Selbstbescheidung leicht in den Untergang.

In der ersten Industrialisierungsphase kamen selbst die teuersten Unternehmen mit einem sehr überschaubaren Grundkapital aus, so im deutschen Montanbereich der 1850er Jahre in der Größenordnung von ein bis zwei, höchstens drei Mio Mark (umgerechnet); das Kapital der Fabriken in anderen Bereichen, speziell in der ausgedehnten Textilbranche, lag durchweg weit darunter. Aber zwischen 1887 und 1927 nahm das durchschnittliche Kapital der 100 größten deutschen Unternehmen von 9,4 auf 59 Millionen Mark zu. 1901 wies US Steel ein Kapital von 1,4 Milliarden Dollar aus. Das Eigenkapital der Deutschen Bank betrug 1970 noch 1,4 Milliarden Mark, aber 2010 schon 49 Milliarden Euro. Im selben Jahr betrug das Eigenkapital von Siemens 28 Milliarden Euro. Durchweg überstiegen und übersteigen solche Summen die Möglichkeiten jeder einzelnen Eigentümer-Familie. Die Finanzierung über den Kapitalmarkt und damit die Organisationsform der Kapitalgesellschaft wurden zwingend.

Manchmal spricht man von einer «zweiten Industriellen Revolution», die in den relativ früh mit der Industrialisierung beginnenden Ländern Europas und Nordamerikas im letzten Viertel des 19. und in den ersten Jahrzehnten des 20. Jahrhunderts stattgefunden habe. Damit wird auf den spektakulären Aufstieg der «neuen Industrien» Elektrotechnik, Chemie und Fahrzeugbau, auf die beginnende Erschließung des Erdöls als Energiequelle sowie auf die enorme Bedeutungszunahme von Technik und Wissenschaft in der industriellen Produktion angespielt. Die Bezeichnung zielt aber auch auf die Zentralisation des Kapitals durch umfassende Zusammenschlüsse in Form von Kartellen, Verbänden, Holdings und Konzernen, die, zum Teil als Reaktion auf den vorangehenden Konjunktureinbruch der 1870er Jahre, die Konkurrenz zu begrenzen oder gar auszuschalten versuchten. Treibende Kräfte waren Großunternehmer wie John D. Rockefeller, der Erbauer des Großkonzerns «Standard Oil of New Jersey» (seit den 1870er Jahren) oder Emil Kirdorf, der Generaldirektor der Gelsenkirchener Bergwerks AG und Architekt des Rheinisch-Westfälischen Kohlensyndikats von 1893. Unterstützend wirkten oft die großen Banken, die nun anders als früher massiv in die Industrie investierten und eng mit einzelnen Industrieunternehmen zusammenarbeiteten, wobei die Verflechtung über Aktienbesitz und die wechselseitige Vertretung in den Aufsichtsräten probate Mittel darstellten und zu einer intensiven Vernetzung von Industrie- und Bankkapital führten, ohne dass man – anders als oft angenommen wird – von der Herrschaft der einen Seite über die andere hätte sprechen können. In der Folge kam es zu einer präzedenzlosen Zusammenballung von Macht und Reichtum in der Hand einiger weniger Großindustrieller, besonders in den USA, wo Rockefeller – der reichste Mann der Welt mit einem Vermögen von etwa 330 Milliarden Dollar (Dollar im Wert von 2008) –, Carnegie, Vanderbilt, Duke, Stanford und andere schon von Zeitgenossen kritisch-polemisch als «robber barons» bezeichnet wurden. Einige dieser Großunternehmen konzentrierten sich, wie beispielsweise die 1902 gegründete British-American Tobacco Corporation, auf das grenzüberschreitende Geschäft und entwickelten multinationale Strukturen. Die meisten der Großen waren funktional hochgradig integriert und produktmäßig diversifiziert: Sie vereinigten in sich, ganz oder teilweise, die Funktionen der Rohstoffversorgung, der Produktion und der Weiterverarbeitung wie des Vertriebs; zugleich produzierten sie ganze Paletten unterschiedlicher Güter und Dienstleistungen. Sie fassten also mit organisatorischen Mitteln zusammen, was in anderen Fällen und früher in selbständigen, stärker spezialisierten und durch Marktbeziehungen miteinander verbundenen Unternehmen bearbeitet worden war.

In der Konsequenz entstanden hochkomplexe, systematisch gegliederte, aufwändig koordinierte Großstrukturen mit zunehmend akademisch qualifiziertem, professionellem Leitungspersonal. Im späten 19. und frühen 20. Jahrhundert waren sie vertikal integriert, zentralisiert und sehr hierarchisch, nach 1945 im Westen eher dezentralisiert und als Föderationen halb autonomer Einheiten gestaltet. Insgesamt handelte es sich um eine tiefgreifende Formveränderung des Kapitalismus. Die einstmals eindeutiger dominierende Koordination durch Marktmechanismen wurde nun ungleich stärker als früher durch Koordination mit organisatorischen und quasi politischen Mitteln ergänzt. Man hat vom «Organisierten Kapitalismus» gesprochen, in dem jedoch, trotz aller Bündnisse und monopolistischen Tendenzen, harte Konkurrenz auch zwischen den Riesenunternehmen weiterhin stattfand und zur gegenseitigen Existenzgefährdung führen konnte. Die Großunternehmen blieben zwar relativ zu den viel zahlreicheren kleineren und mittleren Unternehmen überall in der Minderheit. Doch sie waren ungemein gewichtig. 1962 verfügten die 50 größten amerikanischen Industrieunternehmen über ein Drittel, die 500 größten zusammen über zwei Drittel des gesamten gewerblich-industriellen Kapitals des Landes. Sie wurden übrigens durchweg von weißen, vorwiegend protestantischen Männern mit Herkunft aus (zumindest) der Mittelschicht und mit (zumindest) College-Abschlüssen geleitet.[73]

Der Aufstieg des Managerkapitalismus ist von großen Hoffnungen und großen Befürchtungen begleitet worden. Beide haben sich in der Regel als übertrieben herausgestellt.

Man erhoffte sich von ihm – aufgrund der möglich werdenden Streuung des Eigentums und dessen abnehmender Bedeutung für die Rekrutierung der Unternehmensleitungen – ein

Stück Demokratisierung. Einerseits haben die Streuung des Aktienbesitzes, seine gewachsene Attraktivität auch für kleine Anleger und seine Bedeutungszunahme bei der Absicherung gegen Lebensrisiken und bei der Vorsorge fürs Alter in der Tat die gesellschaftliche Verankerung des Kapitalismus erheblich verstärkt und verbreitert – und das Leben der Vielen noch eindeutiger als früher mit dem Auf und Ab des kapitalistischen Wirtschaftens verknüpft, man denke an die verbreitete Altersvorsorge über Pensionsfonds, die zu den größten Akteuren auf den Finanzmärkten gehören. Andererseits hat zwar das Kriterium «Eigentum an den Produktionsmitteln» für die Rekrutierung und den Aufstieg von Unternehmensleitern an Bedeutung verloren, und die typischen Berufswege von Eigentümer-Unternehmern und Managern unterscheiden sich; doch hat sich der Zugang zu den Bastionen der wirtschaftlichen Macht insgesamt kaum weiter geöffnet. Der Aufstieg vom Tellerwäscher zum Millionär blieb die Ausnahme. Ein hohes Maß an intergenerationeller Statusvererbung wird auch durch die dem Manager-Kapitalismus eigenen Auswahlverfahren bewirkt, die neben der schulisch und praktisch erwerbbaren Ausbildung das über die Herkunft vermittelte kulturelle Kapital und damit verbundene Netzwerkbeziehungen prämieren.

Umgekehrt fürchtete man, dass mit dem Aufstieg der Manager verantwortungsloses Handeln in den Leitungsgremien zunehmen würde, denn die angestellten Unternehmer würden ja für ihre Misserfolge nicht mehr mit ihrer ganzen ökonomischen und sozialen Existenz einstehen müssen wie sie umgekehrt nur begrenzten persönlichen Gewinn von ihren eventuellen unternehmerischen Erfolgen haben würden.[74] Im Lichte der jüngsten Erfahrungen mit der «strukturierten Verantwortungslosigkeit» im heutigen Finanzkapitalismus ist es wichtig zu verstehen, warum sich diese Befürchtung insgesamt in der klassischen Zeit des Manager-Kapitalismus (im Westen bis in die 1970er/80er Jahre)nicht bewahrheitet hat. Einerseits trugen die erfolgsabhängigen Bestandteile der Manager-Einkünfte, einschließlich ihrer Beteiligung am Kapital, dazu bei. Andererseits entwickelten sich in dieser Berufsgruppe professionelle Einstellungen mit entsprechenden Mechanismen der gegenseitigen sozialen Kontrolle, und dies bezog die eng involvierten Bankdirektoren ein. Vor allem aber blieben trotz zunehmender Mobilität Erfolg und Misserfolg auch der angestellten Unternehmer mit Erfolg und Misserfolg *bestimmter* Unternehmen – «ihrer» Unternehmen – für sie selbst und andere sehr sichtbar verbunden. Das war entscheidend (und ist im heutigen Finanzmarktkapitalismus anders). Die Identifikation eines Emil Rathenau mit «seinem» Manager-Unternehmen AEG war um 1910 sicher nicht viel schwächer als die Identifikation des Gründer-Sohns Wilhelm von Siemens mit «seinem» auch als AG weiterhin familiär kontrollierten Traditionsunternehmen.

Aufs Ganze gesehen, waren Manager jedoch weniger als Eigentümer-Unternehmer durch außerökonomische, z. B. familienbezogene Rücksichten geprägt und gebremst. Beim angestellten Unternehmer des Manager-Kapitalismus schlugen ökonomische Motive deshalb reiner durch als beim Eigentümer-Unternehmer der Industriellen Revolution. Insgesamt dürften sie dynamischer entschieden und sich expansiver verhalten haben als jene.[75]

3. Finanzialisierung

Diese Tendenz zur Herauslösung des wirtschaftlichen Handelns aus sozialen Kontexten, diese Zuspitzung seiner Ziele auf Profit und Wachstum bei gleichzeitiger Indifferenz gegenüber sonstigen Zielen, diese im Manager-Kapitalismus bereits angelegte, aber noch nicht verabsolutierte Selbstzweckhaftigkeit des Kapitalismus haben mit der «Finanzialisierung», dem Aufstieg des Finanzmarkt-, Finanz- oder Investorenkapitalismus in den letzten Jahrzehnten, ein Ausmaß erreicht, das dem System eine neue Qualität gibt und es vor neue, bisher ungelöste Herausforderungen stellt. Finanzkapitalismus – als Inbegriff der Geschäfte, die nicht mit der Produktion und dem Tausch von Gütern, sondern vor allem mit Geld gemacht und (im Umkreis) von Wechslern, Maklern, Banken, Börsen, Investoren und Kapitalmärkten betrieben werden – ist alt (s. oben S. 37, 51 ff.). Doch seit den 1970er Jahren geschah Neues in dreierlei Hinsicht:

(1) Es hing mit dem Ende des Bretton Woods-Systems der internationalen Währungsregulierung und den drastischen Ölpreissteigerungen der 70er Jahre, der einsetzenden Deregulierung und einer gewissen De-Industrialisierung in einigen westlichen Ländern zusammen, dass es zu einer raschen Ausdehnung und Aufwertung des Finanzsektors kam, vor allem in England und den USA, wo sein Anteil am Gesamtprodukt von den 1950er Jahren bis 2008 von ca. 2% auf 9 bzw. 8% wuchs. Die Vermögenswerte der Banken stiegen geradezu explosionsartig an. Der grenzüberschreitende Kapitalverkehr schwoll an, von 4% des weltweiten Gesamtprodukts in den 80er Jahren auf 13% und auf 20% in den Jahren 2000 und 2007. Vieles davon entfiel auf den Transfer aus den Ölförder- und aufsteigenden Schwellenländern (China, Südostasien, Indien, Brasilien) nach Europa und Nordamerika, aber auch die Auslandsinvestitionen der früh industrialisierten Länder boomten, wobei Finanzen und Versicherungen den Löwenanteil abbekamen. Wie der Investor George Soros 1998 schrieb: «Das System begünstigt das Finanzkapital, das sich aussuchen kann, wohin es sich wenden will.... Man kann es sich als ein gigantisches Zirkulationssystem vorstellen. Das Finanzkapital ist auf den Fahrersitz gesetzt worden.» Jürgen Stark, lange Chefökonom der Europäischen Zentralbank, urteilte 2011, dass der Finanzsektor seine dienende Rolle längst hinter sich gelassen habe, dass er zu groß und selbst-referentiell geworden sei. Die von England und USA ausgehende, bald international wirksame «neoliberale» Deregulierungspolitik trug dazu kräftig bei, übrigens auch zum exorbitanten Anstieg der Profite der Banker. Um am Boom des Finanzsektors, der allerdings auch in den anderthalb Jahrzehnten vor dem großen Einbruch von 2008 weltweit immer wieder durch regional begrenzte Finanzkrisen unterbrochen wurde (z.B. in den USA Anfang der 90er Jahre, in Mexico 1994/95, in Ostasien und Russland 1987/98, in Argentinien 2001 und in Japan fortlaufend), teilzunehmen, gliederten sich große Industrieunternehmen wie General Motors oder General Electric eigene Finanzdienstleister an, die bald größere Profite einfuhren als das Kerngeschäft selbst. *Investment banks,* Investitionsfonds, au-

ßerbörsliche Private Equity-Gesellschaften und andere Kapitalbeteiligungs-Unternehmen entstanden in großer Zahl. Man spricht von «Finanzialisierung». Ein großer Teil der Kapitalbewegungen diente (und dient) nicht der Investition für produktive Zwecke, sondern der Spekulation, wenngleich beides oft nicht scharf zu trennen ist. Es entstanden große Profite, denen keine Wertschöpfung entsprach. Es stieg die Erwartung auf höchste Gewinne wie auch die Bereitschaft zum großen Risiko. Einzuräumen ist, dass auch der Finanzsektor in sich heterogen war und ist; städtische Sparkassen oder Genossenschaftsbanken blieben dem herkömmlichen Bankgeschäft stärker verhaftet als aggressive Hedge-Fonds, die wie «Heuschrecken» (Franz Müntefering) auch profitabel arbeitende Unternehmen aufkauften, «rationalisierten», ausschlachteten und aufteilten, um sie dann, vielleicht in Teilen, gewinnbringend wieder zu verkaufen und weiter zu ziehen. Aber Ivan Berend hat Recht, wenn er schreibt :«The morals of solid banking, together with trust in institutions were lost. Gambling replaced a solid business attitude and increased both gains and risks. The boom culminated in the first years of the twenty-first century.» Sich selbst überlassen, getrieben von harter Konkurrenz, und weitgehend herausgelöst aus realwirtschaftlichen wie aus sozialen Einbettungen, erwies sich jedenfalls dieser Teil der kapitalistischen Wirtschaft als unfähig zur Entwicklung und Durchsetzung allgemein verträglicher Geschäftsführungsregeln.[76] Die Mathematisierung und Digitalisierung des Spekulationsgeschäfts tragen dazu bei, dass die Geldmanager nicht nur als Treiber agieren, sondern, abhängig von ihren eigenen Techniken und der immer schärferen Konkurrenz auch zunehmend zu Getriebenen werden.[77]

(2) Kredit und damit Schulden kennzeichnen den Kapitalismus von Anfang an. Aber im letzten Viertel des 20. und im ersten Jahrzehnt des 21. Jahrhunderts hat die Neigung zur Verschuldung in vielen Ländern und Bereichen exorbitant zugenommen. Zum Beispiel: Die Quote der Staatsverschuldung stieg an, und zwar lange bevor die internationale Finanzkrise von 2008 die Staaten zum Zweck der Bankenrettung erneut zur massiven Schuldenaufnahme zwang. Die deutsche Staatsverschuldungs-

quote (gemessen als Anteil am Bruttosozialprodukt) schwankte von Anfang der 1950er Jahre bis 1975 zwischen 16 und 24%, doch bis 1985 war sie auf 41%, 1995 auf 56% und 2005 auf 69% geklettert (2011 81%). Die entsprechenden Zahlen für Frankreich lauten: 16% (1975), 31% (1985), 55% (1995), 67% (2005) und 86% (2011). In Schweden nahm die Quote zwischen 1975 und 2005 von 28% auf 50% zu (mit einem Zwischenhoch von 84% im Jahr1996), in den USA von 33% auf 68%, in Brasilien von 30% auf 69% und in Japan von 24% auf 186%.[78] Ein zweites Beispiel: Die Sparquote der Amerikaner (private Haushalte) betrug 1930 fast 5%, sie erreichte in den frühen 80er Jahren mehr als 10%, ging aber 2005/07 auf Null zurück (2013 bei 2%). Ein drittes Beispiel: Das durchschnittliche Eigenkapital vieler amerikanischer und europäischer Banken betrug vor der jüngsten Krise weniger als 10%, häufig weniger als 5% und manchmal nicht einmal 1% ihres ausgewiesenen Gesamtvermögens, verglichen mit rund 25% zu Beginn des 20. Jahrhunderts; der große Rest bestand aus Fremdkapital, also «Schulden».[79]

Jedes dieser drei Phänomene ist sehr komplex und hat unterschiedliche Ursachen: einmal Eigenarten der staatlichen Politik, die gegenwärtig über wenig verlässliche Mechanismen zur Selbstbeschränkung verfügt und die Lösung von Problemen gern in die Zukunft verschiebt; zum anderen den Aufstieg des Konsumkapitalismus seit den 1950er Jahren, der zwar die Akzeptanz des Kapitalismus in der breiten Bevölkerung gefestigt, aber zugleich durch die Bereitstellung hoch attraktiver Angebote, permanente Nachfrageankurbelung und verführerische Kreditangebote die Neigung angeheizt hat, über die eigenen Verhältnisse zu leben; und schließlich bankinterne Entscheidungsstrukturen, die nicht für die Reinvestition der hohen Erträge, sondern für ihre Verteilung auf Aktionäre und Manager sorgten. Doch auf einer allgemeinen Ebene lassen sich die drei Beispiele als Indikatoren für ein und denselben grundlegenden Wandel verstehen, den Ralf Dahrendorf als problematischen Übergang vom «Sparkapitalismus» zum «Pumpkapitalismus» beschrieben hat. Die Spannung zwischen der kapitalismusimmanenten Notwendigkeit des Sparens, d. h. des Aufschiebens der Belohnung in die Zukunft und der ebenfalls systemimmanenten Notwendigkeit des Ausgebens für den Konsum in der kapitalistischen Gegenwart, wurde bereits 1976 von Daniel Bell analysiert. In der Zwischenzeit hat sich dieser Widerspruch noch verschärft. Es handelt sich um eine nachhaltige Quelle der Destabilisierung des Kapitalismus im Zeitalter seiner Finanzialisierung, um den Kern einer ungelösten Krise und darüber hinaus um ein Grundproblem der Kultur und Politik in den wohlhabenden Ländern der Gegenwart.[80]

(3) Auch die Machtverhältnisse und Entscheidungsprozesse an der Spitze der großen Unternehmen haben sich in den letzten Jahren und Jahrzehnten, auf dem Weg vom Manager- zum Finanzmarkt- oder Investorenkapitalismus verschoben. Im Manager-Unternehmen, das im Bereich der Großen bis in die 1980er Jahre eindeutig dominierte, besaßen der Vorstand, der Board oder auch der CEO, vor allem wenn die Geschäfte gut gingen, ein erhebliches Eigengewicht gegenüber den Eigentümer-Interessen. Entweder sorgte die mit dem jeweiligen Produktions-, Handels- oder Dienstleistungsunternehmen oft eng und langfristig verbundene Bank dafür, die weniger an kurzfristigen Gewinnen als an langfristigen Erfolgen interessiert war und dem Management u. a. mit Krediten den Rücken auch gegenüber den Aktionärsinteressen freihielt (so vor allem in Deutschland und Japan). Oder der Vorstand des Unternehmens genoss relative Selbständigkeit, weil das Eigentum am Unternehmen unter zahlreichen kleinen und mittelgroßen Aktionären verteilt war, die angesichts ihrer Zersplitterung zur kollektiven Herausforderung der Unternehmensleitung kaum in der Lage waren und sich mit guten Renditen zufrieden gaben, auch wenn die letzte Profitsteigerungsmöglichkeit nicht ausgeschöpft wurde (so vor allem in den USA). In beiden Fällen war die Chance groß, dass die Unternehmensleitung große Teile des erwirtschafteten Gewinns re-investierte statt sie an die Eigentümer zu verteilen – was ihre relative Selbständigkeit gegenüber dem Kapitalmarkt weiter stärkte.

Mit dem Aufstieg der Kapitalanlagegesellschaften (vor allem der großen Investment- und Pensionsfonds) und dem aggressiver werdenden *investment banking* darauf spezialisierter Finanzunternehmen änderte sich das. Sie stehen untereinander in harter Konkurrenz um Anleger und Sparer, denen sie günstige Verzinsung oder Beteiligung an zu erzielenden Gewinnen versprechen. Ihre Erfolgsbilanz lässt sich in wenigen Kennzahlen ausdrücken und ist hoch transparent. Auch kleine Erfolgsdifferenzen zählen in ihrem Wettbewerb um Anleger und Sparer, deren Gewicht sie bündeln und deren Interesse als Eigentümer – «share holder value» – sie zu ihrem eigenen zu machen versprechen und mit großer Härte, professionell und stetig gegenüber den Unternehmensleitungen vertreten.[81]

Die Logik der Kapitalmärkte schlägt nun viel direkter auf die Unternehmensstrategien durch als in den Zeiten des ausgeprägten Eigentümer- oder Managerkapitalismus. Der Markt wird noch ubiquitärer und zwanghafter. Der Spielraum der einzelnen Unternehmensleitungen schrumpft. Die Unternehmen werden einander ähnlicher. Der Einfluss der Banken ist rückläufig. Die Vertreter der Fonds kontrollieren, aber werden zugleich kontrolliert; sie fordern permanent Rechenschaft, die sie selbst permanent geben müssen. Sie können jederzeit verkaufen und ihr Portfolio umschichten, das gibt ihnen große Macht. Die Unstetigkeit der Verhältnisse nimmt zu. Durchschnittlich hielt ein Anleger seine Aktien (in New York) in den 1960ern acht bis neun Jahre, jetzt weniger als ein Jahr. Wichtige Entscheidungen werden von Fonds-Direktoren, Investment-Bankern, Maklern, Analysten und Rating-Experten getroffen, die Manager sind, aber oft im Namen der Eigentümer sprechen und deren Rendite-Interessen vertreten. Sie haben meist keine Bindung an die vielen Unternehmen, über die sie, gewissermaßen von außen, mitentscheiden. Deren Inhalte, Traditionen und Akteure interessieren sie wenig. Sie entscheiden auf der Basis gängiger Kennzahlen und empfindlich reagierender Marktsignale, sie orientieren sich eindimensional am Profit, am *share holder value*. Sie müssen es tun, sonst schaden sie ihrem Fond.[82]

Es ist in diesem relativ abgehobenen und weiterhin im Kern deregulierten System des Investoren-Kapitalismus weder nötig noch möglich, die sehr abstrakte Tätigkeit dieser «Geldmanager» im Kontext weiterreichender, etwa nicht-ökonomischer Zwecke zu begründen. In einer enthüllenden Szene schildert Tom Wolfes realitätsgesättigter Roman «Fegefeuer der Eitelkeiten», wie der erfolgreiche, selbstbewusste, wohlhabende Investment-Banker und Wallstreet-Makler Sherman McCoy auf die Frage seiner sechsjährigen Tochter hin zu erklären versucht, was er beruflich tut, und zwar so, dass sie es verstehen und bewundern kann. Mit Spannung hört die in einem Club am Strand von Long Island versammelte Familie zu. Der Versuch scheitert, die Tochter bricht in Tränen aus, und es bleibt dem Leser vorbehalten zu entscheiden, ob dies an der Kompliziertheit von McCoys Tätigkeit liegt oder daran, dass sie tatsächlich keinen Sinn besitzt, der über sie und das Ziel der Bereicherung hinausweist.[83]

Es kann gar nicht genug betont werden, dass (meist kleinere, aber sehr zahlreiche) Eigentümer-Unternehmen, Manager-Kapitalisten der klassischen Art und der neue Typus des global agierenden Finanzkapitalisten überall nebeneinander und in den verschiedensten Überlappungsformen existieren. Auch der heutige Kapitalismus lässt sich nicht auf Finanzmarkt- oder Investorenkapitalismus reduzieren. Dessen Aufstieg in den letzten Jahrzehnten stellt jedoch eine einschneidende Veränderung des Gesamtsystems dar. Er ist Ausdruck einer erneut vorangetriebenen inneren Ausdifferenzierung der verschiedenen kapitalistischen Funktionen. Er hat die Kapitalbeschaffungs- und Investitionsfunktion weiter separiert, ihre Wahrnehmung darauf spezialisierten, nach der Logik der Kapitalmärkte arbeitenden Funktionsträgern zugeordnet und das Gewicht der Kapitalistenfunktion erheblich verstärkt. Grundsätzliche Investitionsentscheidungen sind aus den Zusammenhängen, in die sie einstmals eingebettet waren, radikaler herausgelöst worden als je zuvor. Die Logik der Märkte hat sich aus der Rücksicht auf nicht-ökonomische Interessen und Orientierungen weiter emanzipiert. Die Entscheidungsstruktur hat die Räume der einzelnen Unternehmen entschieden überschritten, deren Außengrenzen sind fließender geworden. Die Internationale Finanzkrise von 2008, die im Übrigen mehrere Gründe hatte, zeigte unübersehbar, welch selbstzerstörerische und allgemeingefährliche Potentiale in der Dynamik des neuen Investorenkapitalismus stecken, wenn er sich selbst, und das heißt, den Bankern, Investoren, Maklern, Analysten und sonstigen «Geldmanagern» überlassen bleibt.[84] Es geht darum, neue Formen der Einbettung zu finden. Ob das gelingt, ist noch offen.

4. Lohnarbeit im Wandel

Seit Marx, Weber und vielen anderen gilt «freie» Lohnarbeit als die zentrale Form der Arbeit im Kapitalismus. Doch die Debatte darüber, ob dies zu halten ist und wie dies zu verstehen sei, ist wieder in vollem Gang. Durch die globalgeschichtliche Erweiterung des Blicks ist deutlich geworden, dass die europäisch-nordamerikanische Variante industriekapitalistischer Arbeit, die der Ausbildung des klassischen Lohnarbeitsbegriffs in der zweiten Hälfte des 19. und in der ersten Hälfte des 20. Jahrhunderts als Erfahrungshintergrund diente, eine sehr spezifische war, die in anderen Weltregionen und in anderen Epochen nicht notwendig wiederholt wird. Daraus ergibt sich der produktive Zwang, den Lohnarbeitsbegriff und den mit ihm eng zusammenhängenden Klassenbegriff kritisch zu bedenken und neu zu definieren.[85] Ich halte im Folgenden an der Vorstellung von Lohnarbeit als der für den Kapitalismus zentralen Form von Arbeit aus drei Gründen fest. Zum einen stellen der Trend zur grenzenlosen Kommodifizierung einen Kernbestandteil des kapitalistischen Systems und Lohnarbeit die konsequenteste Anwendung des Prinzips auf menschliche Arbeit dar. Zum anderen: nimmt man die gesellschaftlichen und politischen Folgen – Klassenbildung, soziale Bewegungen, politische Kämpfe – in den Blick, sind Unterschiede zwischen «freier Lohnarbeit» und gebundenen Formen der Arbeit (Sklavenarbeit, Leibeigenschaft, Schuldknechtschaft, *indentured labor*, Zwangsarbeit) ebenso wie der Unterschied zwischen unselbständiger Arbeit (in einem Beschäftigungsverhältnis) und Selbständigkeit äußerst wichtig, auch wenn es immer zahlreiche Mischungs- und Übergangsphänomene zwischen diesen Kategorien gegeben hat und gibt. Schließlich erweist sich, dass der Begriff «Lohnarbeit», richtig verwendet, auch für die Analyse des Kapitalismus in nicht-westlichen Weltregionen taugt.

Doch ist es notwendig, den Begriff «Lohnarbeit» breit zu fassen: als Arbeit im Rahmen eines Tauschverhältnisses, in dem (unterschiedlich qualifizierte) Arbeitskraft vom Arbeiter bzw. von der Arbeiterin der beschäftigenden Person oder Instanz unter festzulegenden Bedingungen (auch: innerhalb zu definierender Grenzen!) gegen die Zahlung von Lohn (oder Gehalt) zur Verfügung gestellt wird, und zwar für einen Zeitraum, über dessen Beginn sich beide Seiten verständigen und dessen Ende von jeder der beiden Seiten herbeigeführt werden kann (Kündigungsrecht). Zum Begriff des Tausches gehört ein Element des Vertrags (ob schriftlich oder nicht), der formal freiwillig abgeschlossen wird, so zwingend auch der Eintritt in ein solches Tauschverhältnis für den Arbeiter/die Arbeiterin aus schieren Überlebensnotwendigkeiten oftmals gewesen ist, und so wenig Freiheit für ihn oder sie übrig blieb, nachdem einmal das Arbeitsverhältnis mit all seiner Fremdbestimmung und Disziplin begonnen hatte. Lohnarbeit in diesem Sinn ist nicht an die Existenz einer Unternehmung gebunden, die von Weber so entschieden in den Mittelpunkt der Definition von modernem Kapitalismus gerückt worden ist. Auf der Grundlage dieser Definition ist es möglich, zwischen sehr unterschiedlichen Varianten von Lohnarbeit zu unterscheiden und anzuerkennen, dass es *Elemente von Lohnarbeit* auch in anderen Beschäftigungsverhältnissen gab und gibt.

In einem elementaren Sinn und in begrenztem Umfang findet sich Lohnarbeit auch vor dem Kapitalismus. Auch wenn der größte Teil der abhängigen Arbeit in gebundenen Verhältnissen geleistet wurde – als Sklavenarbeit oder (so im mittelalterlich-frühneuzeitlichen Europa) von untertänigen Bauern, von Knechten und Mägden im Gesindestatus und von Handwerksgesellen in Abhängigkeit von Meister und Zunft –, gab es doch über die Jahrhunderte zahlreiche besitzlose oder besitzarme Personen, Männer, Frauen und Kinder, die meist für kürzere Zeit und in wechselnden Stellungen, oft auch an verschiedenen Orten, bei Herrschaften und Bauern, für Handwerker und Kaufleute, in

Gemeinden und Klöstern, auf Baustellen oder in Werkstätten gegen Entgelt Arbeitsleistungen erbrachten: als unterschiedlich bezeichnete landwirtschaftliche Arbeiter, als Tagelöhner, Gelegenheitsarbeiter, Saison- oder Wanderarbeiter, als Hilfskräfte der verschiedensten Art. Davon ließ sich kaum leben, doch ergänzten die so erzielten Natural- und Geldlöhne häufig das schmale Einkommen, das der Einzelne oder seine Familie zugleich aus anderen Quellen, z. B. aus Kleinstlandbesitz, bezog. In ein und derselben Familie lebten, an ein und demselben Arbeitsort arbeiteten oft Personen mit verschiedenem Erwerbsstatus zusammen, so wie auf den frühneuzeitlichen Plantagen in der Karibik Sklaven, auf Zeit verpflichtete «indentured labourers» und freie Lohnarbeiter koexistierten. Mit dem Eindringen des Kapitalismus in die Landwirtschaft und in die Heimarbeit nahm die Zahl der Lohnarbeiter vor allem auf dem Lande zu. Durch die allmähliche Lockerung der herkömmlichen Bindungen (z. B. der Abhängigkeit des Handwerksgesellen von seinem Meister und dessen Zunft) und durch die zunehmende Einbeziehung der Arbeitenden, etwa von Handwerkern und Heimarbeitern, in überregionale Marktbeziehungen verstärkte der Kapitalismus überdies die Elemente von Lohnarbeit innerhalb herkömmlicher Arbeitsverhältnisse. Auch in Bezug auf die abhängig Arbeitenden galt: Kapitalistisch bestimmte Sozialbeziehungen traten selten abrupt und das Alte zerstörend auf, vielmehr nisteten sie sich in herkömmlichen Sozialbeziehungen ein, dehnten, lockerten und relativierten sie (durchaus unter Spannungen und Konflikten) und veränderten sie schrittweise. Ein und dieselbe Person mochte im Lauf ihres Lebens wechselnde Stellungen einnehmen, und zu diesen gehörten oft auch Phasen der ausgeprägten Unterbeschäftigung und Arbeitslosigkeit, wohl auch der hilfsbedürftigen Armut.

Es leuchtet ein, dass sich diese durch unzählige Übergänge und Mischungen gekennzeichnete Gemengelage nicht sauber unterteilen und deshalb nur schwer quantifizieren lässt. Aber: Benutzt man einen großzügigen Begriff von «proletarisch» und rechnet man die Tagelöhner und Gelegenheitsarbeiter, die landwirtschaftlichen Arbeiter und Heimarbeiter, die Arbeiter der

Manufakturen und Bergwerke wie auch Gesindepersonen und Gesellen dazu, dann kann man mit Charles Tilly schätzen, dass in Europa 1550 etwa ein Viertel und 1750 knapp 60% der Bevölkerung den proletarischen Schichten zuzurechnen waren. Davon lebte mehr als die Hälfte auf dem Lande. Es war mithin keine heile, klar geordnete oder gar statische Welt, die dann der Industriekapitalismus des 19. Jahrhunderts veränderte, sondern eine Welt in Bewegung, mit wenig formalisierten Arbeits- und Lebensverhältnissen, voll Knappheit, Not und Bedrängnis – jedenfalls in dem großen und rasch wachsenden Sozialbereich unterhalb der ländlichen und städtischen Mittelschichten.[86]

Doch erst im 19. und 20. Jahrhundert wurde die voll entwickelte Lohnarbeit zum Massenphänomen, vor allem im Westen, doch in Ansätzen auch in anderen Teilen der Welt. Dabei half im Westen die teils revolutionär und durch Krieg (Frankreich, USA, Haiti), meist aber reformerisch durchgesetzte, dann sich meist über Jahrzehnte hinschleppende Abschaffung jener traditionellen Ordnungen, die in der einen oder anderen Weise unfreie Arbeit stabilisiert hatten. Zu nennen sind das Verbot erst des Sklavenhandels (ab 1808) und dann der Sklaverei, die gerichtlich gestützte Illegalisierung (in den USA seit den 1820er Jahren) der «Indentur», jener Knechtschaft auf Zeit, zu der sich Arbeiter vertraglich verpflichteten, um die vorgeschossenen Transportkosten (zum Beispiel für die Reise über den Atlantik) abzuarbeiten, die Bauernbefreiung und die Abschaffung der Leibeigenschaft (zuletzt in Russland seit 1861) sowie die Aufhebung oder Schwächung der Zunftordnungen im Zuge der Durchsetzung der «Gewerbefreiheit». Auf diesem Hintergrund kam es zum meist ganz allmählichen Vordringen der Lohnarbeit Hand in Hand mit der allmählichen Durchsetzung kapitalistischer Prinzipien, und zwar oft durch lange überlebende Mischformen hindurch. Die Einbettung von Lohnarbeit in andere Arbeits- und Sozialverhältnisse war lange eher die Regel als «Lohnarbeit» pur.

Die «Knechtschaft auf Zeit» der «indentured labourers» (Kontraktarbeiter) stellte eine solche Mischform dar; unter ihnen waren die «Kulis» besonders wichtig, aus Asien stammende halb-freie Arbeiter, die über weite Strecken transportiert wurden, um in den nach 1860 sich erneut ausdehnenden Plantagen (Zucker, Kautschuk, Tabak u. a.) eingesetzt zu werden, meist in tropischen und subtropischen Regionen Asiens, Amerikas und Afrikas. Ein anderes Beispiel stellen die Mietsklaven und -sklavinnen dar, die in den Südstaaten der USA, Lateinamerika und Westafrika von ihren Besitzern an Unternehmer vermietet wurden und bei diesen auf Zeit für Lohn arbeiteten, den sie z. T. an ihren Besitzer abführten. Auch russische Leibeigene beschäftigten sich zeitweise als Lohnarbeiter, im Auftrag ihrer Herrschaft. Im südafrikanischen Diamantenbergbau wurden im 19. Jahrhundert «closed compounds» eingerichtet, in denen Bergleute gefängnisartig eingesperrt wurden: ein Beispiel für die Mischung von Lohn- und Zwangsarbeit. Erst recht ist an die Millionen verlegter europäischer Heimarbeiter zu erinnern, die im Kern Lohnarbeit leisteten, aber dies weiterhin in Form traditioneller Heimarbeit, die im Familienverband und in den eigenen vier Wänden betrieben wurde. Das geschah meist auf dem Lande, aber nach 1870 immer mehr auch in den großen Städten, wo Kleidung und andere Konfektionswaren hausindustriell hergestellt wurden, in der Regel von Frauen und Kindern unter drückender Aufsicht von Zwischenunternehmern und unter bedrückenden Arbeitsbedingungen – man denke an die *sweatshops* in New York, Paris und Berlin um 1900. In Preußen und in anderen deutschen Staaten hielt sich der rechtlich abgesicherte Gesindestatus bis 1918; er begrenzte die Freiheit großer Kategorien landwirtschaftlicher Arbeiter und Hausangestellter; trotzdem wurden die Knechte, Mägde und Dienstboten schrittweise zu Lohnarbeiterinnen besonderer Art. Andere Mischungsverhältnisse wären zu nennen, in denen Lohnarbeit als ein Element u. a. auftrat. Langfristig setzte sich das Lohnarbeitselement jedoch durch.[87]

Neben den Riesenbaustellen der Zeit war es vor allem die Fabrik- und Bergwerksindustrie, in der und durch die Lohnarbeit zum Massenphänomen wurde. Dies lag nicht nur daran, dass dieser Bereich während der ersten Phasen der Industrialisierung überproportional wuchs, dass hier Arbeiter in großen Zusammenballungen auftraten, und dass hier die kleinen und großen

Unternehmen tätig waren, in denen der weiter vorn beschriebene Übergang vom Eigentümer- zum Managerkapitalismus vor allem stattfand. Es lag vielmehr auch an der Struktur der Industrieunternehmen und ihrem Verhältnis zur sozialen Umwelt. In den Fabriken und Bergwerken fand Lohnarbeit räumlich getrennt vom Haushalt der Arbeitenden statt. Überdies handelte es sich um Unternehmen mit Arbeitsteilung, Trennung zwischen Leitung und Ausführung, zunehmend zweckrationalen Abläufen und entsprechenden Anforderungen an die Disziplin. Dazu gehörte die Anpassung an spezifische Zeitstrukturen. Klarer als je zuvor war damit der Bereich der Arbeit von sonstigen Lebensbereichen abgehoben, räumlich wie zeitlich. Seine kapitalistische Logik konnte sich relativ eigenständig entfalten. Lohnarbeit entwickelte sich hier in relativ reiner Form. Sie wurde als solche erlebbar, und zwar von den Arbeitenden als etwas, was sie ein Stück weit über ihre Spezialisierungen hinweg verband und von der Leitung unterschied. Es konnte erlebt werden, dass zwischen Kapital und Arbeit zwar einerseits Kooperation, andererseits aber auch Gegensätze und Spannungen existierten. Diese drehten sich zum einen um Fragen der Verteilung des erwirtschafteten Produkts (z. B. im Streit um Löhne und Arbeitszeit); zum anderen um Fragen der Macht, der Über- und Unterordnung, beispielsweise bei Kontroversen um die Arbeitsorganisation oder um Autonomie und, später, Mitbestimmung. Natürlich gab es Vorläufer in den wenig zahlreichen frühneuzeitlichen Manufakturen und Bergwerken. Aber in den genannten Hinsichten war die «Große Industrie» der Textilfabriken, Zechen, Stahlwerke und Maschinenbauanstalten etwas Neues, das in Bezug auf Raum, Zeit und erlebbare Strukturen durch eine gewisse Zäsur vom Gewohnten getrennt war. Entsprechend fesselte sie die Aufmerksamkeit der Zeitgenossen, die von ihr sowohl fasziniert wie auch erschreckt waren. Die «Große Industrie» prägte die entstehende Diskussion über «Kapitalismus» seit der Mitte des 19. Jahrhunderts. Dieser Industriekapitalismus prägt auch die Begriffe und Ansichten von Marx.[88]

In der ersten Industrialisierungsphase haben Arbeiter und Arbeiterinnen unter härtester Ausbeutung, extrem langen Arbeitszeiten und niedrigen Löhnen, scharfer Disziplinierung, Not und Entbehrung gelitten, innerhalb und außerhalb der Fabrikindustrie. Die Kinderarbeit im Bergwerksstollen, die lange Reihe gleichgerichteter junger Frauen an den Maschinentischen der Mechanischen Spinnerei, das Wohnen in dunklen Kellern überfüllter Mietshäuser im Arbeiterquartier der schnell wachsenden Stadt, der verzweifelte Aufstand der schlesischen Weber, von Gerhart Hauptmann auf die Theaterbühne gebracht – das sind Bilder von Elend und kapitalistischer Ausbeutung, die sich ins kollektive Gedächtnis eingegraben haben. Dem ist hier ebenso wenig im Einzelnen nachzugehen wie der allmählichen, wenngleich immer wieder durch Krisen und Kriege unterbrochenen Aufwärtsentwicklung der Arbeits- und Lebensverhältnisse, die in einem großen Teil der Welt und trotz fortbestehender und neu entstehender Bereiche der Ausbeutung und Armut mit fortschreitender Industrialisierung stattgefunden hat. Nach zahllosen Anstrengungen und Konflikten, Innovationen und Reformen in der Arbeitswelt wie in Gesellschaft und Politik hat sich Lohnarbeit zutiefst verändert. In einem großen, durch Unternehmenswirtschaft bestimmten Kernbereich haben sich bis zum dritten Viertel des 20. Jahrhunderts am Ziel des Familienlohns orientierte Verdienstzunahme, entschiedene Arbeitszeitverkürzung (wenn auch bei ähnlich entschiedener Arbeitsintensivierung), Risikoabsicherung durch verbriefte Ansprüche im Fall von Entlassung, Unfall, Krankheit und Alter sowie individuelle und kollektive Arbeiterrechte in hohem Maß durchgesetzt, wenngleich um vieles weiter gestritten wird. Für die so gefundenen Arrangements hat sich der positiv gemeinte Ausdruck «Normalarbeitsverhältnis» eingebürgert, der vergessen lässt, dass diese Errungenschaft über die Jahrhunderte alles andere als normal war, weltweit auch heute die Ausnahme darstellt und durch neuere Entwicklungen auch dort in Frage gestellt wird, wo sie durchgesetzt war.[89] Hier seien nur kurz die drei wichtigsten Motoren jener Entwicklungen genannt, die das «Normalarbeitsverhältnis» ein Stück weit realisiert haben. Sie hängen wesentlich mit Lohnarbeit zusammen.

(1) In den Unternehmen wurden Produktivitätsfortschritte

erzielt, die die genannten Verbesserungen erst möglich machten. Diese wären aber ohne Lohnarbeit schwer denkbar gewesen. Denn nur diese, anders als die früher dominierenden Formen gebundener Arbeit, besitzt die Flexibilität, die es kapitalistisch kalkulierenden Unternehmensleitungen erlaubt, Arbeitskräfte in Bezug auf den Unternehmenszweck optimal zu rekrutieren, umzuschichten und eventuell zu entlassen, zugleich aber die «Kosten» dieser Flexibilität (etwa im Fall der Entlassung) zu externalisieren, was die Unternehmen entlastet und die Gesellschaft in Pflicht nimmt. Im Interesse an zunehmender Produktivität haben überdies zahlreiche Unternehmensleitungen auf fortgeschrittener Stufe der Industrialisierung entdeckt, dass Arbeitszeitverkürzung, schonender Umgang mit der Ressource «Arbeitskraft» und gewisse Konzessionen an Arbeiterforderungen auch dem Unternehmenserfolg nützen. Nicht nur philanthropisch-sozialreformerisch gesinnte Unternehmer, die es wie Robert Owen in Schottland oder Ernst Abbe in Jena immer gab, sondern auch nüchtern rechnende Manager und Kapitaleigner wurden ein Stück weit zu Reformern der Arbeit in ihren Unternehmen, besonders in Branchen, die hohe Anforderungen an die Qualifikation des Personals stellten.

(2) Doch hätte das nicht gereicht. Mindestens so wichtig war deshalb ein zweiter Antrieb: die staatliche Intervention. Die Bereitschaft staatlicher Instanzen, Missstände in der Arbeitswelt durch Gesetze, Verordnungen und Kontrollen zu bekämpfen und Arbeitern Rechte zu sichern, hatte viele Motive. Eines jedoch hing mit der öffentlichen Sichtbarkeit zusammen, die Lohnarbeit dazu gewann, wenn sie nicht mehr im Haus, auf dem Hof oder in anderen traditionalen Beziehungen, sondern separiert, in der Fabrik oder Zeche stattfand. Das galt beispielsweise für Kinderarbeit, die als Teil des landwirtschaftlichen Betriebs und der gewerblichen Heimarbeit über Jahrhunderte selbstverständlich gewesen war, aber, herausgelöst aus Familie und Haushalt, zum Problem wurde, das insbesondere von der pädagogisch engagierten Öffentlichkeit wahrgenommen und kritisiert wurde: ein wichtiger Beitrag zur Politisierung des Problems und zum staatlichen Kinderarbeitsverbot, das z. B. in Preußen seit

1839 in mehreren Schritten durchgesetzt wurde und entscheidend zum Verschwinden der *industriellen* Kinderarbeit beitrug.[90] Auf die Rolle von Öffentlichkeit und staatlichen Interventionen im Kapitalismus geht der folgende Abschnitt ein.

(3) Schließlich ein Wort zur Arbeiterbewegung. Lohnarbeit ist in zentraler Hinsicht nicht frei. Nicht Freiheit, sondern Unterordnung und Disziplinierung enthält das Lohnarbeitsverhältnis für die Arbeitenden, nachdem es einmal eingegangen worden ist. Man mag es überdies für frivol oder zynisch halten, den Nicht-Besitz an Produktionsmitteln als Ausweis von «Freiheit» zu bezeichnen, wie es manchmal geschieht. Frei aber sind Lohnarbeiter, anders als Zwangsarbeiter, Sklaven, Leibeigene, *indentured labourers*, Gesindepersonen und korporativ eingebundene Handwerksgesellen, insofern sie frei von außerökonomischem Zwang ein Arbeitsverhältnis eingehen und kündigen können, und dieses Arbeitsverhältnis sich auf die Erbringung bzw. Nutzung wenigstens grob umrissener Arbeitsleistungen, nicht aber auf die Indienstnahme der ganzen Person des/der Arbeitenden bezieht. Dies ist das emanzipatorische Element in der Lohnarbeit im Vergleich zu den früher dominierenden Varianten gebundener Arbeit, das man auch dann nicht aus dem Blick verlieren sollte, wenn man zu Recht die konstitutive Asymmetrie im Arbeitgeber-Arbeitnehmer-Verhältnis betont, wenn man herausarbeitet, das sich «freie» und «unfreie» Arbeit im Bezug auf viele Alltagswirkungen eher graduell als prinzipiell unterschieden haben, und wenn man weiß, dass die Freiheit von außerökonomischem Zwang sich auch im Zuge der kapitalistischen Industrialisierung nur allmählich durchgesetzt hat und bekanntlich in den Kriegen und Diktaturen des 20. Jahrhunderts durch massenhafte Zwangsarbeit immer wieder zurückgedreht worden ist.

Unmittelbarer Ausdruck der Freiheit der Lohnarbeiter war und ist ihre Fähigkeit, sich individuell und kollektiv entweder zur Wehr zu setzen oder – viel häufiger – Ansprüche auf Verbesserungen zu formulieren und durchzusetzen. Nur im Kapitalismus konnten autonome Arbeiterbewegungen stark werden, erst im Industriekapitalismus des 19. Jahrhunderts ist dies geschehen, als Lohnarbeit zum Massenphänomen wurde, und zwar nicht nur, aber auch in der Fabrik.

Die Energie der Arbeiterbewegung entzündete sich, systematisch gesprochen, an drei Herausforderungen: *Zum einen* entstanden die Arbeiterbewegungen aus den Versuchen, sich gegen die Unsicherheiten zu schützen, die mit der Durchsetzung der kapitalistischen Wirtschaftsweise regelmäßig zunahmen. Man denke an Unterstützungskassen, Genossenschaften und *Friendly Societies*. *Zum anderen* resultierte die Arbeiterbewegung aus den bereits genannten Verteilungs- und Herrschaftskonflikten, die dem Kapital-Arbeit-Verhältnis innewohnen; das zeigte sich an vielen spontanen und organisierten Protesten und Forderungen, vor allem an Streiks. *Schließlich* aber gewannen und gewinnen Arbeiterbewegungen ihre Energie aus der Verteidigung überkommener nicht-kapitalistischer Arbeits- und Lebensformen gegen den sich breit machenden Kapitalismus, etwa in der Verteidigung von Grundsätzen einer volkstümlichen Kultur der «moral economy» (mit ihrer Betonung des Nahrungsprinzips und des «gerechten Preises») gegen die kapitalistische Logik von Individualisierung, Wettbewerb und Wachstum.[91] In veränderter Form hat sich diese Stoßrichtung lange gehalten, im Grunde bis heute im Kampf um den Mindestlohn: als Verteidigung oder Einforderung gerechter und menschenwürdiger Arbeit gegen ihre Routinisierung, Degradierung, Instrumentalisierung und Kommodifizierung im Kapitalismus, klassisch formuliert in der Entfremdungskritik von Karl Marx.

Daraus hat sich die wohl wichtigste Protest- und Emanzipationsbewegung Europas im 19. und frühen 20. Jahrhundert entwickelt, die kräftig zur Demokratisierung von Politik und Gesellschaft beitrug, wenn sie sich im 20. Jahrhundert auch in einen (in sich vielfältigen) sozial-demokratischen und einen kommunistisch-totalitären Zweig spaltete, der sich mittlerweile diskreditiert hat. Es war der Druck der Arbeiterforderungen im Betrieb, in den Streiks, durch Gewerkschaften und in der Politik, der zu den genannten Verbesserungen der Arbeitsverhältnisse beitrug und damit, so kann man sagen, zur Zivilisierung des Kapitalismus. Der hier nicht durchzuführende historische

Vergleich macht deutlich, dass Arbeiterbewegungen dieser Art nicht notwendig aus dem Kapital-Arbeit-Spannungsverhältnis folgen, sondern eine lange Reihe kultureller und politischer Voraussetzungen haben, die in großen Teilen Europas im 19. und frühen 20. Jahrhundert in hohem Ausmaß gegeben waren, aber weder in gleicher Stärke bis heute überleben noch in anderen Weltgegenden notwendigerweise zu finden sind. Beispielsweise erleben chinesische Lohnarbeiter heute zwar Kommodifizierung, kapitalistische Instrumentalisierung, Entwurzelung und Ausbeutung in einer Weise, die durchaus vergleichbar ist mit dem, was europäische Arbeiter in der ersten Industrialisierungsphase erlitten, wenngleich in zeitlich komprimierter Form und deshalb besonders umbruchartig. Sie protestieren denn auch und lehnen sich auf, in sehr großer Zahl, geradezu täglich. Doch die durchweg lokalen Aktionen (Proteste und Petitionen am Arbeitsplatz, Streik und Boykott, Blockaden, Sit-ins) fließen in der weiterhin partiell diktatorischen Volksrepublik bisher nicht zu einer überlokalen, überregionalen Protest- und Emanzipationsbewegung zusammen.[92]

Auf zwei neue Entwicklungen in der Geschichte der Lohnarbeit ist unbedingt hinzuweisen, deren Zukunft schwer zu prognostizieren ist. Zum einen ist, parallel zur Finanzialisierung des Kapitalismus und als Folge von Veränderungen der Technologie und der Marktorganisation, seit einigen Jahren eine Fragmentierung der Arbeit, auch der Lohnarbeit, in Raum und Zeit zu beobachten. Während 1970 die Relation zwischen vollzeitbeschäftigten Arbeitnehmern einerseits und der Summe der Teil- und Kurzzeitbeschäftigten, der befristet und geringfügig Beschäftigten – also der sog. atypischen Beschäftigungsverhältnisse – in der Bundesrepublik Deutschland etwa 5:1 betrug, verschob sie sich 1990 auf 4:1 und bis heute auf 2:1. Jeder Dritte arbeitet schon in Teilzeit, befristet, als Leiharbeiter oder in einem Minijob. Die Elastizität der Erwerbsarbeit und die Fluidität der Arbeitsverhältnisse nehmen zu. Die Flexibilitätszumutungen an die Einzelnen steigen. Der Arbeitsplatz verliert die klaren Abgrenzungen, die er erst im 19. Jahrhundert gewann. Die neuen Kommunikationsmittel erlauben neue Formen der

Heimarbeit. Ein neues Zeitregime entsteht in den Grauzonen zwischen Arbeits- und Freizeit, mit Teilzeit und Gleitzeit, mit neuen Freiheitschancen und neuen Abhängigkeiten. Die Befunde sind differenziert zu beurteilen. Nicht jedes in diesem Sinn «atypische» Beschäftigungsverhältnis ist prekär, insbesondere nicht jede Teilzeitbeschäftigung. Zweifellos enthält die Verflüssigung der Arbeitsverhältnisse auch neue Chancen, beispielsweise zur Verknüpfung von Erwerbsarbeit mit anderen Tätigkeiten, zur Verbindung von Arbeit und Freizeit, zur Vereinbarung von Beruf und Familie. Andererseits steht zu befürchten, dass die Flexibilisierung und Fragmentierung der Arbeitsverhältnisse zu einer bedrohlichen Erosion der individuellen Identitäten und des sozialen Zusammenhalts führen, so weit diese auf kontinuierlicher Arbeit beruhen, wie es in den «Arbeitsgesellschaften» des Westens seit dem 19. Jahrhundert der Fall ist. Auf jeden Fall scheint die Bindungskraft, die sozial strukturierende, kulturell verbindende und vergesellschaftende Kraft der Arbeit in den letzten Jahren abgenommen zu haben.[93]

Schließlich ein Blick auf Kapitalismus und Lohnarbeit in den erst seit wenigen Jahrzehnten durchgreifend industrialisierenden Regionen des «globalen Südens»: Die dort äußerst vielgestaltige Lohnarbeit wird meist unter Kategorien wie «informal» und «non-standard» untersucht und diskutiert. Gemeint sind unterschiedliche Formen von wenig geregelter, kaum kodifizierter, damit aber sehr ungeschützter und verletzbarer Arbeit in abhängigen, wechselnden Positionen, einschließlich von Wander-, Saison- und Gelegenheitsarbeiten, mit meist äußerst geringer Entlohnung, in extremer Abhängigkeit und meist in Verknüpfung mit anderen Tätigkeiten sowie anderen Einkommensarten, die im Familienkontext zusammengebracht werden, schon weil man von einer allein nicht überleben könnte. Mit größter Berechtigung gilt diese Art von kapitalistisch beeinflusster Lohnarbeit als höchst prekär, sie wird von Arbeitskräften beiderlei Geschlechts (besonders häufig von Frauen), auch von vielen Kindern geleistet, in der auf Export setzenden Land- und Ernährungswirtschaft, in Werkstätten und Fabriken wie für die unterschiedlichsten Dienstleistungen, oftmals in Slums, unter Bedingungen ausgeprägtester Unsicherheit und angesichts großer, wachsender Ungleichheit. Unternehmer, Geschäfte, Fabriken – darunter viele multinationale Konzerne mit Machtzentrum im «globalen Norden» – tragen durch gezieltes «outsourcing» zur Vermehrung dieser prekären Arbeitsverhältnisse bei, sie bedienen sich dieser Arbeitskräfte ohne sie förmlich anzustellen, oft mit der Hilfe zwischengeschalteter Kontraktoren, Sub-Unternehmer oder Agenten, wobei gesetzliche Schutzbestimmungen, soweit sie überhaupt existieren, halbherzig sind und häufig umgangen oder ignoriert werden. Die Kategorie der «informell» Arbeitenden ist schwer abzugrenzen und quantitativ kaum zu erfassen. Grobe Schätzungen sprechen von einer Milliarde weltweit, mit zunehmender Tendenz.[94]

In Ländern wie Deutschland hat «die Arbeiterfrage» längst ihren aufwühlenden, radikale Proteste hervortreibenden, die Gesellschaft erschütternden Charakter verloren, den sie in der Klassengesellschaft des 19. und 20. Jahrhunderts besaß. Die Kritik an der Verelendung der Arbeiterklasse und an der Entfremdung der Arbeit hat bei uns längst aufgehört, im Zentrum der zeitgenössischen Kapitalismuskritik zu stehen, wo sie sich lange befand. Aber das liegt an der nationalgesellschaftlichen Fragmentierung der mentalen Landkarten, die in unseren Köpfen weiterhin dominieren. Gelänge es, eine wirklich globale Perspektive zur Basis des moralischen Gewissens, des gesellschaftlichen Engagements und der politischen Forderungen zu machen (was allerdings nicht nur gegen eingefleischte Gewohnheiten, sondern auch gegen gewichtige Interessen von uns hier im globalen Norden verstoßen könnte), wäre die «Arbeiterfrage», jetzt als Arbeiterfrage im «globalen Süden», sofort wieder da: moralisch herausfordernd, ein drängendes Problem sozialer Gerechtigkeit, schwer zu ändern, aber nicht ausweglos. Aus historisch vergleichender Perspektive drängen sich drei Bemerkungen auf:

(1) Die Kategorisierung dieser Arbeit als «informell» oder «non-standard» beruht auf dem Kontrast mit einem Modell von stetiger, geregelter, kodifizierter Arbeit, die als «formell» oder «standard» unterstellt wird. Doch dieser angebliche «Stan-

dard» ist nicht nur in den meisten Gesellschaften des globalen Südens ein kleines Minderheitsphänomen, sondern ist auch im historischen Vergleich, der den globalen Norden einbezieht, historisch die Ausnahme und selbst im 20. Jahrhundert vielerorts nicht «normal», sondern bestenfalls die Norm gewesen. Nimmt man dies ernst, kommt man kaum daran vorbei, die Kategorien «non-standard» und «informell» in Frage zu stellen. Sie sind jedoch schwer zu ersetzen.

(2) Die Situation im globalen Süden weist zweifellos belastende Probleme auf, die in der Phase des Aufstiegs des Industriekapitalismus in Europa und Nordamerika fehlten, vor allem die drückende Abhängigkeit eines großen Teils der vor Ort geleisteten Arbeit von multinationalen Ketten und Konzernen und die damit verbundene post-koloniale Ungleichheit zwischen Produzenten im Süden und Konsumenten (auch Weiterverarbeitern) im Norden. Trotzdem: Lohnarbeit der «informellen», schlecht bezahlten, ungeschützten, prekären Art hat es immer auch in Europa gegeben, als Massenphänomen im 18. und 19. Jahrhundert, als Phänomen an den Rändern aber auch noch in der zweiten Hälfte des 20. Jahrhunderts. Jedoch wurde sie durch geregeltere Formen der Lohnarbeit zurückgedrängt und vor allem sozial erheblich entschärft. Dafür war einerseits das wirtschaftliche Wachstum eine unersetzbare Voraussetzung. Zum anderen trug dazu die kapitalismusinterne Institutionalisierung der Lohnarbeit *in den Unternehmen* bei. Der von Arbeiterbewegungen entfaltete Druck fiel ins Gewicht. Vor allem aber spielten Gesetze, Verordnungen und staatliche Kontrollen die entscheidende Rolle.

(3) Sieht man diesen Ozean von informeller Arbeit weltweit mit den Informalisierungstendenzen zusammen, die auch in den ökonomisch am weitesten entwickelten Gesellschaften Platz greifen (s. oben S. 109), dann begreift man, dass – parallel zur Finanzialisierung des Kapitalismus seit den 70er Jahren und mit ihr verknüpft – die «Informalität» bzw. «Informalisierung» der Lohnarbeit eine globale Herausforderung darstellt, die nicht rasch vergehen wird. Letztlich resultiert sie wie die Finanzialisierung aus der immer durchdringenderen Anwendung der im-

mer dominanter werdenden Prinzipien des Marktes in immer mehr Bereichen von Wirtschaft und Gesellschaft unter den Bedingungen der digitalisierten weltweiten Kommunikation. Die Milderung der daraus sich ergebenden großen sozialen Probleme wird ohne kräftige Intervention starker Staaten nicht gelingen.

5. Markt und Staat

In den Kontroversen um Kapitalismus gelten Staat und Markt meist als Antipoden, und das mit guten Gründen. Markthandeln und staatlich-politisches Handeln sind in der Tat unterschiedlichen Logiken verpflichtet, zumal im demokratischen Zeitalter. Sie besitzen unterschiedliche Legitimationsgrundlagen: unterschiedlich verteilte Eigentumsrechte dort, gleiche Staatsbürgerrechte hier. Sie folgen unterschiedlichen Verfahren: dem des Tausches dort, dem der Debatte mit dem Ziel der Konsensbildung und der Mehrheitsentscheidung hier. Dort ist Geld das wichtigste Medium, hier dagegen Macht. Die Wahrnehmung partikularer Vorteile ist für Markthandeln das eindeutige Ziel, wenngleich mit Adam Smith beansprucht werden kann, dadurch indirekt dem allgemeinen Nutzen zu dienen. Die Verwirklichung des allgemeinen Wohls ist dagegen das Ziel der Politik, auch wenn klar ist, dass sich dessen Inhalt erst in diesem Prozess herausbildet, und zugestanden wird, dass die Wahrnehmung partikularer Interessen im Rahmen des demokratischen Entscheidungsprozesses legitim ist. Freiheitliche Verfassungsordnungen begründen seit dem 18. Jahrhundert die begrenzte Eigenständigkeit beider Sphären. Sie binden die Ausübung der politischen Macht zunächst an rechtsstaatliche, dann demokratische Grundlagen und gerade nicht an ökonomische Ressourcen. Gleichzeitig aber sichern sie das Recht auf Eigentum und alles, was daraus folgt, als Grundrecht ab und entziehen somit seinen Kern dem Zugriff der politisch-staatlichen Macht, so groß auch die verfassungsmäßigen Spielräume zur unterschiedlichen Ausgestaltung des Verhältnisses von Markt und Staat bleiben. In Verfassungsstaaten begrenzen sich politische Macht und aus Eigentumsrechten folgende ökonomische Ressourcen gegenseitig: ein sehr grundsätzlicher Aspekt der Gewaltenteilung, der zur Gewährleistung von Freiheit beiträgt.[95]

Immer wieder hat es politische Konstellationen gegeben, in denen der Gegensatz zwischen (mehr) Staat und (mehr) Markt die Hauptkontroverse darstellte, so im epochalen Konflikt zwischen staatlich gelenkter Zentralverwaltungs- und kapitalistischer Marktwirtschaft während des Kalten Kriegs und in den Auseinandersetzungen um «Neoliberalismus», Deregulierung und Privatisierung seit den 1980er Jahren.

Trotzdem wäre es falsch, Markt und Staat ausschließlich als Antipoden zu begreifen. Die vorausgehende Darstellung hat vielmehr gezeigt, dass zwar eine gewisse institutionelle Ausdifferenzierung zwischen Markt und Staat, Wirtschaft und staatlicher Politik zu den Voraussetzungen jeglicher Form von Kapitalismus gehört, aber andererseits die enge Verbindung von Markt und Staat, von Wirtschaft und staatlicher Politik in wechselnden Formen historisch die Regel gewesen ist: von der geradezu symbiotischen Beziehung zwischen Hochfinanz und weltlicher wie geistlicher Herrschaft im Mittelalter über die dichte Verkettung zwischen Staatsbildung und Marktbildung im frühneuzeitlichen Europa und die staatliche Intervention zum Zweck der sozialen Regulierung von Lohnarbeit im 19. und 20. Jahrhundert bis hin zum gesteigerten Bedarf nach staatlicher Intervention als Folge der Finanzialisierung des Kapitalismus in jüngster Zeit. Die Reihe der Beispiele ließe sich fortsetzen, bis hin zur gewichtigen Rolle staatlicher Politik bei Durchsetzung und Ausbau des Kapitalismus in den ostasiatischen «Tigerstaaten» seit den 1950/60iger Jahren und zur halb-diktatorischen Macht staatlicher Organe in China und Russland in den letzten Jahrzehnten.

Es lassen sich, vor allem mit Blick auf den Westen, fürs 19. und 20. Jahrhundert drei ungleich lange Phasen unterscheiden,[96] und es sieht danach aus, dass gegenwärtig eine vierte beginnt. Auf die enge Verquickung von Markt und Staat in der Frühen Neuzeit, gegen die Adam Smith Sturm gelaufen war, folgte seit dem 18. Jahrhundert in England und seit den im Ergebnis liberalisierenden Umbrüchen der Revolutions- und Reformzeit auf dem Kontinent um die Wende zum 19. Jahrhundert eine Phase relativer Trennung von Markt und Staat. Die Staaten hielten sich mit wirtschafts- und sozialpolitischen Interventionen bis in die 1870er/80er Jahre zurück, während sie die sich selbst vorantreibende Dynamik der Marktwirtschaften einerseits förderten und andererseits sich selbst überließen. Zwar ist es völlig falsch, von schwachen «Nachtwächterstaaten» zu sprechen, tatsächlich gewannen die sich teils erst etablierenden, teils kraftvoll entfaltenden Nationalstaaten in jenen Jahrzehnten erheblich an äußerer und innerer Gestaltungsmacht dazu. Die staatlichen Beiträge zur wirtschaftlichen und sozialen Entwicklung waren erheblich, man denke an den Ausbau der Infrastruktur und des Bildungswesens, beides überließ man nicht dem freien Spiel der Marktkräfte. Doch zum kaum gesteuerten Wettbewerb zwischen den meist kleinen Unternehmen und zur noch sehr geringen Organisiertheit der Arbeiterschaft passte eine Politik der wirtschaftsliberalen Deregulierung im Zeichen des Freihandels. Obwohl es zu ersten «Fabrikgesetzen» (so in England 1833) kam, blieben die staatliche Wohlfahrtsunterstützung minimal und der liberale Glaube an die für alle nützliche Freiheit des Einzelnen stark.

Die 1870/80er Jahre brachten einen Trendwechsel, der einerseits eine Reaktion auf die tiefe internationale Krise des Kapitalismus in den 1870er Jahren, andererseits eine Antwort auf die zunehmenden sozialen Spannungen und besonders den Aufstieg der organisierten Arbeiterbewegungen war und überdies zu den Konzentrations-, Zusammenschluss- und Durchorganisationstendenzen im aufsteigenden Manager-Kapitalismus passte, der zunehmend den alten Eigentümer-Kapitalismus ergänzte. Wie sich an wieder zunehmenden wirtschaftspolitischen Interventionen (z. B. Verstaatlichung), zunehmenden Staatsquoten, aber auch in außenwirtschaftlichen Initiativen bei der Durchsetzung des Imperialismus (Zollpolitik, Subventionen, Errichtung von Einflusszonen und Kolonien auch zu ökonomischen Zwecken) und vor allem im beginnenden Aufstieg des Sozialstaats seit den 1880er Jahren zeigte, griffen staatliche Instanzen nun wieder verstärkt in Wirtschaft und Gesellschaft ein, wie umgekehrt wirtschaftliche und soziale Interessen, zunehmend organisiert, über ihre Verbände und Vertretungen auf die Politik Einfluss nahmen. An die Stelle der wirtschaftsliberalen relativen Distanz von Markt und Staat in der vorangehenden Phase traten jetzt Jahrzehnte zunehmend verdichteter Interdependenz von Markt und Staat im Zeichen des Prinzips der «Organisation». Man spricht vom «Organisierten» oder auch vom «Koordinierten» bzw. vom «Gesteuerten Kapitalismus», dessen Grundlagen bereits in den Jahrzehnten vor 1914 gelegt wurden, auch im Hinblick auf die enge Verquickung von wirtschaftlicher Expansions- und politischer Machterweiterungspolitik im Epochenphänomen des Imperialismus, dessen spannungsreicher Aufstieg seit den 1890er Jahren zum Ersten und Zweiten Weltkrieg entscheidend beitrug. Die Kriege trieben die nicht-marktwirtschaftliche Durchorganisation des Kapitalismus in allen kriegführenden Staaten sprungartig, wenn auch teilweise vorübergehend, weiter voran. Der Protektionismus der Zwischenkriegszeit vergrößerte noch einmal die Distanz zur klassisch-liberalen Freihandelsära. Die Weltwirtschaftskrise der 1930er Jahre verstärkte erneut die Neigung der Staaten zur Intervention in Wirtschaft und Politik, in scharf undemokratischer Weise in den Diktaturen Europas und Japans, in demokratisch-sozialstaatlicher Form im amerikanischen New Deal, der seit den dreißiger Jahren die Grundlagen eines Sozialstaats auch in den USA hervorbrachte. Nach dem Zweiten Weltkrieg wurden zwar die kriegswirtschaftlichen Zwangsmaßnahmen abgeschafft und protektionistische Verkrustungen schrittweise zurückgebaut, aber in anderen Hinsichten – Ausbau des Sozialstaats und der Arbeitsgesetzgebung, Zusammenarbeit von organisierten Interessen und Staat, staatliche Wirtschaftspolitik zunehmend mit Keynesianischen Ansprüchen, starker Anteil verstaatlichter Sektoren und staatlicher Rahmenplanungen, Ansätze zu zwischenstaatlicher Koordination auf globaler Ebene – war das dritte Viertel des 20. Jahrhunderts *die* Hochphase des Organisierten Kapitalismus. Diese intensive Verflechtung von Markt und Staat hat Anlass geboten, von einer «gemischtwirtschaftlichen» Ordnung zu sprechen – in doppelter Abgrenzung vom älteren Wirtschaftsliberalismus wie vom zentralverwaltungswirtschaftlichen System unter sowjetischer Hegemonie, das auf die Such-, Findungs- und Allokationsleistungen des Marktes weitgehend verzichtete, langfristig zu seinem Schaden.[97]

Seit den späten 1970er Jahren begann dagegen eine Phase des «Revitalisierten Marktkapitalismus» (James Fulcher), der durch «neoliberale», die Selbstregulierungskräfte des Marktes hochschätzende Theorien, gezielte Deregulierungs- und Privatisierungsschübe und einen gewissen Rückbau sozialstaatlicher Leistungen Haupttendenzen der vorangehenden Jahrzehnte umwendete und zugleich eine Gewichtsverschiebung von der organisierten Arbeiterschaft hin zur Kapitalseite einleitete. Zu den Ursachen dieser Trendwende gehörte zweifellos die Wirtschaftskrise der 1970er Jahre, die mit dem Doppelproblem von Massenarbeitslosigkeit und Geldwertverlust («Stagflation») die Grenzen der Problemlösungsfähigkeit des bis dahin dominanten Systems des Koordinierten Kapitalismus nachdrücklich aufwies. Unter den weniger offensichtlichen, aber grundsätzlicheren Ursachen ist vor allem die rasch zunehmende globale Konkurrenz zu nennen, die die alten Industriestaaten mit ihren hohen Lohn- und Arbeitskosten unter erheblichen Druck setzte. Es kam hinzu, dass der Koordinierte Kapitalismus der vorangehenden Jahrzehnte zu seinem Funktionieren ein Ausmaß an gesellschaftlicher Konsensfähigkeit voraussetzte, das in einigen Ländern zunehmend erodierte, so beispielsweise in England, das seit Ende der siebziger Jahre, bald zusammen mit den USA, zum Pionierland der Trendwende wurde. Auch der Zeitgeist veränderte sich, weg von Organisation und Solidarität als Leitwerten, hin zur Individualisierung und Hochschätzung von Vielfalt und Spontaneität. Der Aufstieg des Konsumkapitalismus passte dazu. Der Zusammenbruch des Ostblocks wurde als Beleg für die Überlegenheit der Marktkräfte gedeutet. Er beseitigte überdies die große Herausforderung einer nicht-kapitalistischen Alternative, die während des Kalten Kriegs bei manchem Vertreter der Kapitalseite und vielen politischen Akteuren die Bereitschaft erhöht hatte, auf Arbeiterforderungen stärker einzugehen und die Entwicklung hin zu einer sozialeren Marktwirtschaft mitzutragen, um gegen radikalere Veränderungen vorzubauen.

Zu einer wirklichen Zurückdrängung des Staates kam es zwar nicht, ganz im Gegenteil. Auf dem europäischen Kontinent und erst recht in Ostasien folgte man dem anglo-amerikanischen neo-liberalen Modell nur zögernd. Der Rückbau der Sozialleistungen hielt sich beispielsweise in der Bundesrepublik auch im letzten Jahrzehnt des 20. und im ersten Jahrzehnt des 21. Jahrhunderts in sehr engen Grenzen, die viel beschworene «Wende» fand niemals statt. Hier wie anderswo blieb der Widerstand gegen die Neoliberalisierung des Kapitalismus ungebrochen, die Staatsquote hoch. Doch die *Deregulierung* gewann international an Boden, vor allem im Bereich der Finanzwirtschaft und als Teil der sich durchsetzenden Finanzialisierung.[98]

Ob die Internationale Finanzkrise seit 2008 die Phase des «revitalisierten Marktkapitalismus» beendet hat, bleibt abzuwarten. Sie hat die intellektuelle und politische Legitimation des Neoliberalismus zutiefst erschüttert. Denn zweifellos ist die Deregulierung des Finanzsektors eine wichtige Ursache des finanzwirtschaftlichen Zusammenbruchs von 2008 gewesen, der in den Führungsländern des marktradikalen Finanzkapitalismus, in den USA und England, seinen Ausgang nahm. Und die neoliberalen Grundüberzeugungen – Autonomie und Selbstregulierungsfähigkeit der Märkte – wurden von den zentralen Akteuren des Finanzkapitalismus selbst dementiert und diskreditiert, als sie in der Krise von 2008 die Staatsregierungen geradezu flehentlich drängten, mit riesigen Hilfszahlungen ihren endgültigen Kollaps abzuwenden, was diese – mit dem Argument «too big to fail» – denn auch taten. In der Folge wuchsen die Staatsschulden sprunghaft an. Die Finanzmarktkrise des Kapitalismus wurde in eine Verschuldungskrise der Staaten umgewandelt, mit noch nicht absehbaren schädlichen Folgen besonders in Europa. Die Selbstentzauberung des neoliberalen Mythos von der Selbstheilungsskraft der Märkte hätte nicht gründlicher sein können. Doch die Konsequenzen sind keineswegs klar. Gewisse Tendenzen zur Re-Regulierung des Finanzsektors sind zwar in den einzelnen Ländern wie auch international auf dem Weg. Doch der

Einfluss der dadurch betroffenen Interessen ist groß und erschwert manche denkbare Lösung. Außerdem: Die Materie ist kompliziert, und der richtige Weg zwischen Deregulierung und Über-Regulierung nicht leicht zu bestimmen. Vor allem aber fehlt es an hinreichend starken politischen Entscheidungs- und Handlungssystemen auf über-nationalstaatlicher Ebene, die jedoch nötig wären, um den global tätigen Finanzkapitalismus zu bändigen.

Im Übrigen variierte und variiert das Verhältnis von Markt und Staat von Land zu Land sehr. Zwar entwickelte sich auch in den USA im 20. Jahrhundert ein Koordinierter Kapitalismus mit starker staatlicher Intervention, doch zeigte sich diese hier eher als Wettbewerb sichernde Regulierung (Anti-Trust-Politik), auch in Form des privatwirtschaftlich-staatlichen militärisch-industriellen Komplexes oder durch staatlich erleichterte Kreditfinanzierung des Massenkonsums, weniger dagegen in der staatlichen Bereitstellung von Wohlfahrtsleistungen oder staatlichen Eingriffen in die internen Verhältnisse der Unternehmen. Dagegen bewies Schweden, dass ein sehr wettbewerbsfähiger Kapitalismus mit einer staatlich regulierten Kooperation der Klassen, kollektiv-solidarischen Orientierungen und hohen sozialstaatlichen Leistungen vereinbar ist. Wenngleich auch in Schweden die «neoliberale» Wende seit den 1980er Jahren auf eine gewisse Verschlankung des Sozialstaats hinauslief, kam es dort doch bei weitem nicht zu einer so tief greifenden Kürzung der Sozialleistungen wie etwa gleichzeitig in England. In Deutschland, das als Mutterland des Organisierten Kapitalismus im späten 19. und 20. Jahrhundert gelten kann, entwickelte sich seit den 1950er Jahren die Spielart des «Rheinischen Kapitalismus» mit viel auch staatlich gestützter Koordination und ausgeprägter Sozialstaatlichkeit («Soziale Marktwirtschaft»), aber doch mit viel weniger direkten wirtschaftspolitischen Interventionen als gleichzeitig in Schweden oder Frankreich und mit größerem Respekt vor der Selbstregulierungsfähigkeit der Zivilgesellschaft als beispielsweise in Japan. Dort hatte die Industrialisierung erst im späten 19. Jahrhundert begonnen, und zwar von Anfang an sehr stark unter staatlicher Regie, wobei die staatlichen Planungs- und Lenkungsbehörden eng mit den dortigen privatwirtschaftlichen Riesenunternehmen besonderer Art, den *zaibatsu*, kooperierten, die Technik-, Industrie- und Exportentwicklung kräftig anschoben, gleichzeitig aber in diesem Land der schwachen Gewerkschaften und sich um alles kümmernden Unternehmen auf den Ausbau eines umfassenden Sozialstaats weitgehend verzichteten.

Über dezidierte Exportförderung, entschiedene Investitionen in den Ausbildungsbereich und hohe gesamtwirtschaftliche Sparraten industrialisierten Hongkong und Taiwan seit den 1950er, Singapur und Südkorea seit den 1960er Jahren. Sie schlugen eindeutig privatkapitalistisch-marktwirtschaftliche Wege ein, aber durchweg mit intensiver staatlicher Förderung und Lenkung, wobei sich die autoritäre Regierungsstruktur Singapurs und am Anfang auch Südkoreas keinesfalls als hinderlich, eher als industrialisierungsförderlich erwies. Die Modernisierung Chinas in nach-maoistischer Zeit fußte einerseits auf der marktwirtschaftlichen Energie breiter Bevölkerungsschichten, die nun nicht mehr eingeschnürt wurde, zuerst vor allem auf dem Lande. Andererseits fand so etwas wie eine «Revolution von oben» statt. Die rasch an Fahrt gewinnende kapitalistische Dynamik wurde von Parteikadern und Staatsfunktionären angestoßen und angeleitet, die aber auf begrenzte Freisetzung unternehmerischer Tätigkeit und eine gewisse staatliche Selbstbeschränkung zielten. Dazu gehörte die Privatisierung von Staatsunternehmen, das Abschmelzen des maoistischen Sozialstaats und der von ihm gewährten Sicherheiten wie auch die Entfesselung einer massiven Land – Stadtwanderung mit der Folge von Ausbeutung und Depravierung in einem Ausmaß, das an die europäische Frühindustrialisierung erinnert. Gegen Abstieg, Ausbeutung und Unsicherheit protestierten Arbeiter mit mahnend hochgehaltenen Mao-Bildern, während sich ihre kommunistische Regierung aus den Führungsetagen des nordamerikanischen Finanzkapitalismus beraten ließ und Auslandschinesen ihre Ressourcen, Netzwerke und ihren Patriotismus einbrachten. Es handelt sich immer noch um einen auf niedrigen Löhnen, harter Arbeiterausnutzung und Massenexport fußenden Industriekapitalismus, der in kurzer

Zeit zu großen wirtschaftlichen Erfolgen, immensem Reichtum in der Hand von wenigen und auch zu vielen Protesten geführt hat. Der Staatseinfluss auf diese Industrialisierung bleibt stark, doch nimmt er ein wenig ab. Die Löhne sind im internationalen Maßstab extrem niedrig, doch wachsen sie seit 2005 auch relativ. Insgesamt geht es den meisten Chinesen heute besser als vor dreißig Jahren. Die Repressivität des politischen Systems ist ausgeprägt, wird aber selektiv und in Bezug auf die Akteure des wirtschaftlichen Wachstums zurückhaltend ausgeübt. Insgesamt handelt es sich um ein Experiment, das ein weiteres Mal zeigt, unter welch unterschiedlichen politischen Verhältnissen Kapitalismus – jedenfalls auf Zeit – florieren kann, und wie kompatibel Markt und Staat selbst unter autoritären, ja diktatorischen Bedingungen sein können. In Russland hat der Übergang zum Kapitalismus in den 1990er Jahren zu staatlicher Selbstzurücknahme, aber auch zu ökonomischen Rückschritten, präzedenzloser Ungleichheit und großen sozialen Beschädigungen geführt, bevor seit etwa 2003 starke Tendenzen zur Wiederverstärkung des staatlichen Einflusses beobachtbar sind. Im Vergleich dazu befindet sich Indien seit gut zwei Jahrzehnten auf einem insgesamt eher wirtschaftsliberalen Kurs.[99]

Die Durchsicht historischer Beispiele ergibt, systematisch gesprochen, drei Gründe, die erklären, warum staatliche Interventionen für die Entstehung, den Ausbau und das Überleben des Kapitalismus unabdingbar waren und sind – und im Zeitverlauf eher wichtiger werden. *Zum einen* setzen Märkte, die kapitalistisches Handeln allererst möglich machen, Rahmenbedingungen voraus, die nur mit politischen Mitteln hergestellt werden können: die Entfernung von fragmentierenden und bindenden, beispielsweise feudalen Hindernissen, die Gewährleistung eines Minimums an friedlicher Ordnung und die Bereitstellung von Regeln zum Abschluss und zur Durchsetzung von Verträgen oder vertragsähnlichen Vereinbarungen. Ohne den Einsatz von Macht ging es dabei nicht ab, oft ergaben sich die Voraussetzungen für die Ausbildung raumübergreifender Märkte aus der Anwendung von Gewalt, beispielsweise im Krieg oder im Zuge der Kolonialisierung.

Zweitens ist eine wachsende Instabilität der kapitalistischen Prozesse zu beobachten, insoweit sich diese über die Jahrzehnte aus den sie einengenden, aber auch stabilisierenden Einbettungen gelöst und überdies in sich selbst ausdifferenziert haben. Oben wurde dies an den Übergängen vom Eigentümer- zum Managerkapitalismus und dann hin zur Phase der Finanzialisierung gezeigt, in der sich die Investitionsfunktion so stark aus der Verbindung zu anderen Funktionen (etwa zur Unternehmensleitung oder zur Personalpolitik) gelöst und damit verselbständigt hat, dass sie sich selbst-zerstörerisch überschlägt, wenn sie nicht durch neue Einbettungen wieder eingefangen wird. Unter diesen aber spielen staatliche Vorgaben und Kontrollen nicht die einzige, jedoch die wichtigste Rolle. (Dies stellt sich allerdings in vielen Ländern außerhalb des nordatlantischen Bereichs ganz anders dar, wo die weite Verbreitung von Klientelismus, Patronage und Korruption – also «Einbettungen» besonderer Art – zu Systemeigenarten führt, die mit den Stichworten «patrimonialer Kapitalismus» und «crony capitalism» bezeichnet und kritisiert werden.)[100]

Drittens entwickelt der Kapitalismus gerade auf fortgeschrittenen Stufen seiner Entwicklung Wirkungen, die sich störend bis zerstörerisch auf seine soziale, kulturelle und politische Umwelt auswirken und seine gesellschaftliche Akzeptanz in Frage stellen können. Hierbei ist beispielsweise an die sich mit gewisser Notwendigkeit wiederholenden tiefen Krisen zu erinnern, die wie 1873, 1929/30 und 2007/08 als Finanzkrisen zu entstehen pflegen, jedoch schwerwiegende Folgen für die «Realwirtschaft» nach sich ziehen, die Wohlfahrt breiter Bevölkerungsschichten beeinträchtigen und zu sozialen und politischen Erschütterungen führen können. Gleichermaßen ist aber auch auf die langfristig polarisierenden Wirkungen gerade des erfolgreichen Kapitalismus hinzuweisen. Ich meine nicht nur den bekannten Zusammenhang von Industrialisierung, Lohnarbeit und Arbeiterprotesten, der zu gesellschaftlicher Polarisierung führt, wenn nicht sozialstaatlich gegengesteuert wird. Vielmehr sind auch Befunde aus den frühneuzeitlichen Niederlanden, aus der Industrialisierung des 19. Jahrhunderts wie aus den letzten Jahrzehnten zu nennen, die zeigen, dass kapitalistisches Wachstum, wenn nicht kompensatorisch gegengesteuert wird, zwar nicht zu massenhafter Verarmung führt – ganz im Gegenteil –, aber mit zunehmender Einkommens- und Vermögens*ungleichheit* Hand in Hand geht. Exorbitant hohe Managereinkünfte, deren Vorsprung vor den durchschnittlichen Einkommen in den letzten Jahrzehnten schwindelnde Höhen erreicht hat, sind nur ein kleiner, aber sehr sichtbarer und besonders irritierender Teil einer komplexen Zunahme von Ungleichheit, die besonders in demokratischen politischen Kulturen als ungerecht wahrgenommen wird und langfristig die Legitimität des Systems in Frage stellen kann. Auf weitere problematische Folgen des Kapitalismus wird im abschließenden Abschnitt verwiesen.[101]

Die historischen Erfahrungen zeigen, dass die destabilisierenden gesellschaftlichen Folgen des Kapitalismus mit staatlichen Mitteln zumindest gelindert werden können, wenn ein Gemeinwesen in der Lage ist, solche Mittel auch gegen Widerstand zu mobilisieren und mit Augenmaß einzusetzen. In dieser Hinsicht steigt der Bedarf an kompensatorischer und präventiver staatlicher Intervention langfristig an, zumal die Sensibilität, das Anspruchsniveau und die Artikulationsfähigkeit der politisch wirksamen Öffentlichkeit vielerorts gewachsen sind und weiter wachsen dürften. Es liegt auf der Hand, dass die Existenz oder das Fehlen einer Protestkultur, der Entwicklungsstand der politischen Öffentlichkeit und die Eigenarten des politischen Systems sehr stark darüber mitentscheiden, ob ökonomische und soziale Missstände zu sozialen Bewegungen und staatlichen Interventionen führen, die, falls erfolgreich, die Sozialverträglichkeit des Kapitalismus steigern und damit seine Überlebensfähigkeit verbessern können. Der Aufstieg des Sozialstaats seit dem späten 19. Jahrhundert ist das beste Beispiel dafür. Ein analoger Prozess zur Zivilisierung des heutigen Kapitalismus wird dadurch erschwert, dass dem zunehmend grenzüberschreitend wirksamen, zunehmend globalen Kapitalismus keine ähnlich grenzüberschreitende, globale Staatlichkeit entspricht, die seiner weiterhin vehementen Dynamik wirklich Paroli bieten könnte: ein ungelöstes Problem.

V. Ausblick

Der Kapitalismus als zivilisierende Kraft, die nicht nur die Gesellschaft wohlhabend, sondern auch die Menschen freier, friedlicher und besser machen werde, diese im Aufklärungszeitalter einflussreiche Deutung steht heute nicht hoch im Kurs. Vielmehr herrschen, jedenfalls in Europa, kapitalismuskritische Urteile vor, wenngleich das Spektrum der Ansichten über Kapitalismus breit und vielfältig ist. Wer sich aber ernsthaft mit der Geschichte des Kapitalismus befasst und überdies etwas Bescheid weiß über das Leben in den weiter zurückliegenden, nicht oder kaum kapitalistischen Jahrhunderten, kann gar nicht anders als von den immensen Fortschritten beeindruckt zu sein, die in großen Teilen der Welt (jedoch nicht in allen!) vor allem für die vielen Menschen, die nicht einer gut gestellten Oberschicht angehören, in Bezug auf materielle Lebensverhältnisse und Überwindung der Not, gewonnene Lebenszeit und Gesundheit, Wahlmöglichkeiten und Freiheit stattgefunden haben – Fortschritte, von denen sich rückblickend sagen lässt, dass sie ohne das dem Kapitalismus eigentümliche dauernde Wühlen, Drängen und Umgestalten vermutlich ausgeblieben wären. Und wer eher den Zuwachs an Wissen, den technologischen Wandel oder die Industrialisierung als Fortschrittsmotoren ins Feld führen will, sei daran erinnert, dass bisher langfristig erfolgreiche Industrialisierung überall Kapitalismus vorausgesetzt hat und dessen Prinzipien auch die Verbreitung von Wissen erheblich gesteuert haben, was sich an der Geschichte der Medien vom frühen Buchdruck über die politische Presse der kritischen Öffentlichkeit bis hin zum heutigen Internet zeigen lässt. Bisher haben sich Alternativen zum Kapitalismus als unterlegen erwiesen, sowohl was die Erzeugung von Wohlstand als auch die Ermöglichung von Freiheit betrifft. Der Niedergang der kommunistischen Zentralverwaltungswirtschaften im letzten Drittel des 20. Jahrhunderts war insofern ein Schlüsselprozess für die Einschätzung der historischen Bilanz des Kapitalismus. Trotzdem, wer über Kapitalismus spricht oder schreibt, lässt dessen dunkle Seiten selten beiseite, sondern erwähnt sie zumindest oder rückt sie an vorderste Stelle. Kapitalismuskritik ist aktuell.

Einige Themen der Kapitalismuskritik, die früher im Mittelpunkt standen, sind allerdings an den Rand gerückt. Die katholische Soziallehre warnt zwar weiterhin vor der «Vergötzung der Märkte» und vor «radikaler kapitalistischer Ideologie» (so «Centesimo Anno», die päpstliche Enzyklika von 1991). Doch ist sie meilenweit von der grundsätzlichen Kapitalismuskritik entfernt, die über die Jahrhunderte aus der römisch-katholischen Kirche heraus propagiert worden ist. Die spätestens seit den 1870er Jahren bekannte und im Nationalsozialismus einen Höhepunkt erreichende rechtsradikal-völkische Kapitalismuskritik mit ihren illiberalen Konnotationen und oft antisemitischen Tönen hat derzeit keine Konjunktur. Die Verelendung der Arbeiterklasse wirft man hierzulande dem Kapitalismus auch auf der politischen Linken nicht mehr vor. Die «Arbeiterfrage» hat aufgehört, die Gesellschaft zu spalten, wenngleich sie auf globaler Ebene wieder entdeckt werden könnte (und sollte). Auch um die Kritik an der Entfremdung der Arbeit im Kapitalismus ist es recht still geworden, nachdem im post-fordistischen Zeitalter individualisierende Produktion durch Arbeitsgruppen mit Gestaltungsspielraum in den kapitalistischen Unternehmen propagiert und Kreativität als sich lohnendes Qualifikationsmerkmal nicht nur hoch gehalten, sondern auf den Märkten auch nachgefragt wird. Der Kapitalismus, so scheint es, ist wandlungsfähig genug, um manche Kritik, die ihn lange traf, durch Anpassung zu unterlaufen und damit ein stückweit ins Leere gehen zu lassen.[102] So wenig zu übersehen ist, dass wirtschaftliche Interessen und besonders rüstungsindustrielle Absatz- und Profitinteressen bei der Aufladung von internationalen Spannungen und der Vorbereitung von Kriegen eine wichtige Rolle spielen, so weit ist die Forschung heute davon entfernt, die Entstehung von Kriegen vor allem ökonomisch zu erklären und den Widersprüchen des Kapitalismus zuzurechnen. Vielmehr wird immer wieder auf das Interesse von Kapitalisten am Frieden – als Voraussetzung erfolgreicher Geschäftstätigkeit – hingewiesen.[103] Imperialismustheorien in der Tradition von Luxemburg oder Lenin stehen derzeit nicht hoch im Kurs. Noch ein Beispiel: Es ist selten geworden, den Aufstieg und Sieg des deutschen und italienischen Faschismus den Steigbügelhalterdiensten der Monopolbourgeoisie oder den inneren Widersprüchen des Kapitalismus anzukreiden. Zwar bleiben die Unterstützung großer Teile der konservativen Eliten (darunter vieler Industrieller) für Hitler in der finalen Krise der Weimarer Republik und die lange profitable Kooperation der Großindustrie mit der NS-Kriegswirtschaft fest in der Erinnerung, doch ist mittlerweile nicht nur bekannt, sondern auch präsent, wie entschieden und vielfältig sehr große Teile der deutschen Gesellschaft dem Nationalsozialismus «entgegenarbeiteten» (Kershaw) und sich mit ihm identifizierten, so dass es als entlastende Verkürzung durchschaut wird, wenn die «deutsche Katastrophe» den Kapitalisten aufs Schuldkonto geschrieben werden soll. Unberührt bleibt davon allerdings die Einsicht, dass der Aufstieg des Nationalsozialismus ohne die große Krise des Kapitalismus Anfang der 1930er Jahre unwahrscheinlich gewesen wäre.

Die gegenwärtige Kritik am Kapitalismus ist vielfältig. Angeprangert werden relativ konkrete Missstände, so etwa die «strukturierte Verantwortungslosigkeit»[104] im Finanzsektor, die – übrigens auch in Verletzung einer zentralen Grundprämisse des Kapitalismus – dazu geführt hat, dass das Entscheiden einerseits und das Einstehen für die Entscheidungsfolgen andererseits auseinandergetreten sind, sodass exorbitante Gewinne der Geldmanager durch die Übernahme von riesigen Verlusten durch die öffentlichen Hände («too big to fail») ermöglicht werden. Auf einer etwas allgemeineren Ebene richtet sich die Kritik gegen die zunehmende Ungleichheit als Folge des Kapitalismus, wobei die öffentliche Diskussion sich viel heftiger für die seit den 1970er Jahren wieder zunehmende Einkommens- und Vermögensungleichheit innerhalb des eigenen Landes interessiert als für die viel gravierendere Ungleichheit zwischen den Ländern und Erdteilen. Diese ist zwischen 1800 und 1950 exorbitant gewachsen, seitdem jedoch insgesamt nicht mehr.[105] Die Klage über wachsende Ungleichheit geht in den Protest gegen verletzte Gerechtigkeit über und wird dadurch systemisch relevant. Beklagt werden des Weiteren die dauernde Unsicherheit, der unablässige Beschleunigungsdruck und die extreme Individualisierung, die dem Kapitalismus inhärent sind und die, ohne Gegensteuerung, zur Erosion des Sozialen und zur Vernachlässigung des Gemeinwohls führen. Daran schließt sich die Frage, was denn Gesellschaften überhaupt zusammenhält. Ähnlich grundsätzlich ist die Kritik an der konstitutionellen Abhängigkeit des Kapitalismus von permanentem Wachstum und dauernder Expansion über den erreichten status quo hinaus, eine Abhängigkeit, die natürliche Ressourcen (Umwelt, Klima) und kulturelle Ressourcen (Solidarität, Sinn) zu zerstören droht, Ressourcen übrigens, die auch der Kapitalismus zum Überleben braucht.[106] Hieran schließt sich die besorgte Frage, wo denn die Grenzen des Marktes und der Käuflichkeit liegen oder – aus moralischen oder praktischen Gründen – gezogen werden sollten.[107] Dass es solche Grenzen geben muss, der Kapitalismus also nicht alles durchdringen darf, sondern nicht-kapitalistische Widerlager in Gesellschaft, Kultur und Staat braucht, dafür lassen sich aus seiner Geschichte starke Argumente entwickeln. Auf grundsätzlichster Ebene bleibt die Diskrepanz zwischen dem an universalisierbaren Werten orientierten Verständigungs- und Gestaltungsanspruch demokratischer Politik einerseits und der sich demokratischer Politik und moralischer Gestaltung entziehenden Dynamik des Kapitalismus andererseits ein Dauerproblem. Schließlich ist eine Form von totalisierender Kritik nicht zu übersehen, die «Kapitalismus» als symbolischen Inbegriff der (westlichen) Moderne oder als Verkörperung des Bösen schlechthin zurückweist.[108]

Kapitalismuskritik ist so alt wie der Kapitalismus selbst. Sie hat seinen Siegeszug über die Welt nicht verhindert. Aber sie hat ihn beeinflusst. Der hier vorgelegte historische Überblick zeigt die immense Wandelbarkeit des Kapitalismus über die Jahrhunderte. Die Kritik an ihm ist in Verbindung mit sozialen und politischen Bewegungen ein wichtiger Motor seiner Veränderungen gewesen, wie weiter vorn vor allem in den Abschnitten über «Lohnarbeit im Wandel» und «Markt und Staat» gezeigt worden ist. Sie kann dies auch in Zukunft sein. Denn der Kapitalismus entscheidet nicht über die gesellschaftlich-politischen Bedingungen, unter denen er sich entwickelt. Er kann in verschiedenen politischen Systemen florieren, selbst unter diktatorischer Herrschaft (jedenfalls auf Zeit) – die Affinität zwischen Kapitalismus und Demokratie ist weniger ausgeprägt als lange gehofft und angenommen. Der Kapitalismus setzt seine Ziele nicht aus sich selbst. Er kann unterschiedlichen gesellschaftlichen und politischen Zielen dienstbar gemacht werden, vermutlich auch einer Umsteuerung der Wirtschaft in Richtung von mehr Erneuerbarkeit und Nachhaltigkeit, *wenn* denn genügend politischer Druck und entsprechende politische Entscheidungen zugunsten solcher Ziele mobilisiert werden könnten, was derzeit weder in den wohlhabenden Gesellschaften des globalen Nordens noch weltweit in Sicht ist. Der Kapitalismus lebt von seiner sozialen, kulturellen und politischen Einbettung, so sehr er sie gleichzeitig bedroht und zersetzt. Er kann lernen, diesen Vorzug teilt er mit der Demokratie. Er kann durch politische und zivilgesellschaftliche Mittel beeinflusst werden, wenn diese nur stark und entschieden genug sind. Der historische Überblick hat es gezeigt. In gewisser Hinsicht hat jede Zeit und jede Zivilisation den Kapitalismus, den sie verdient. Gegenwärtig sind überlegene Alternativen *zum* Kapitalismus nicht erkennbar. Aber *innerhalb* des Kapitalismus sind sehr unterschiedliche Varianten und Alternativen denkbar und zum Teil auch beobachtbar. Um ihre Entwicklung geht es. Die Reform des Kapitalismus ist eine Daueraufgabe. Dabei spielt Kapitalismuskritik eine zentrale Rolle.

Anmerkungen

1 «In History Departments, It's Up with Capitalism» in: New York Times, 6.4.2013. Kocka 2011, 307–10. – Für Unterstützung und Anregungen danke ich dem Kolleg «Arbeit und Lebenslauf in globalgeschichtlicher Perspektive» an der Humboldt Universität zu Berlin, Felix Fuhg und Moritz Reiter für zahlreiche Hilfen und Hinweise, Birgit Hahn für Arbeiten am Manuskript sowie Christiane Eisenberg, Bruce Kogut, Ludolf Kuchenbuch, Wolfgang Merkel, Heinz Schilling, Peter Spahn, Nitin Varma, Peer Vries, Hans-Ulrich Wehler und Aloys Winterling für hilfreiche Kommentare. Mein besonderer Dank gilt Detlef Felken für die ursprüngliche Initiative und viel Geduld.

2 Hilger 1982, 408–442, bes. 410, 433 f., 437–39.

3 Blanc 1850, 161; Proudhon 1851, 223. Grand dictionnaire universel du XIXe siècle, Paris 1867, Bd. 3, 320. Liebknecht nach Hilger 1982, 443 f.

4 Ebd. 443 zu Rodbertus; Schäffle 1870, 116. Meyers Konversationslexikon 1876 (3. Aufl.), Bd. 9, 876; Sombart 1902.

5 Hobson 1894; Shadwell 1920, 69; Encyclopaedia Britannica 1910–11 (11. Aufl.), Bd. 5, 278; sowie 1922 (12. Aufl.), Bd. 30 (Suppl.), 565–571. Williams 1976, 42–44.

6 Passow 1927.

7 Grundlegend MEW XXIII-XXV (= Das Kapital I-III, 1867, 1884/5 und 1894); als knappe Zusammenfassung bereits Marx, Lohnarbeit und Kapital (1849), in: MEW VI, 397–423; Manifest der Kommunistischen Partei (1848), in: MEW IV, 459–493. Vgl. Muller 2003,166–207.

8 Zwei sehr gute Einführungen: Mommsen 1997 und Schluchter 2009, 63–74 (Zitat S. 81). Vor allem Weber 2012 (Wirtschaftsgeschichte); ders. 1964 (Wirtschaft und Gesellschaft), Kap. II, bes. §§ 14 und 31; ders. 1988 (Religionssoziologie), bes. I, 17–206: «Die protestantische Ethik und der Geist des Kapitalismus».

9 Vgl. G. Krämer in Budde (Hg.) 2011, 116–146.

10 Schumpeter 1926, 105 (Zitat), 165–74; Schumpeter 2010, 234 (Definition) und 235 (Anfänge); Schumpeter 2005, 136 f. («Kreative Zerstörung»). Vgl. Osterhammel 1987.

11 Dies vor allem in Schumpeter 2005, T. II.

12 Keynes 1927,50; ders. 1936,161 f., 163; Akerlof/Shiller 2009; Berghoff in Budde (Hg.) 2011, 73–96, bes. 80–86.

13 Polanyi 1944. – In enger Anlehnung an ihn: Streeck 2009. Historikerkritik an Polanyi: Kindleberger 1974; Eisenberg 2011, 62–66.
14 Braudel 1985/86, II (Der Handel) und III (Aufbruch zur Weltwirtschaft), hier 693–708. Vgl.Vries 2012.
15 Wallerstein 1974, 1980, 1989 u. 2011; Arrighi 1994 u. 2007.
16 Vgl. z. B. Christian 2004, S. 446–481; Osterhammel 2009, 954–57; Ch. Maier in Budde (Hg.) 2011, 147–163.
17 Vgl. Mann I, 1993,23 f.: Zum K. gehören Warenproduktion, Privateigentum an Produktionsmitteln und freie, vom Produktionsmittelbesitz getrennte Lohnarbeit. – Fulcher 2011, 24: K. basiere auf Investitionen in der Absicht, einen Profit zu erzielen. – Boltanski/Chiapello 2003, 39: Das Hauptmerkmal des K., das ihm seine Wandlungsdynamik verleihe, bestehe darin, dass das Kapital mit dem Ziel der Profitmaximierung, d. h. der Mehrung des sodann erneut investierten Kapitals, immer wieder in den Wirtschaftskreislauf zurückgeleitet wird; Appleby 2011, 25: K. als «kulturelles System» auf der Basis von wirtschaftlichen Handlungsweisen, in deren Mittelpunkt der Drang privater Investoren, Profit zu erzielen, stehe. – Ingham 2008, 53: Als wesentliche Elemente des Kapitalismus gelten ihm ein monetäres System, das die Geldschöpfung durch Bankkredite für Investitionszwecke erlaubt; Markt und Tausch; sowie private Unternehmen zur Produktion von Waren. – Swanson 2013,5: Der Kapitalismus sei ein «ökonomisches System, in dem die Eigentümer der Produktionsmittel Lohnarbeiter anstellen, um Güter und Dienstleistungen zu produzieren, und zwar mit dem Ziel, diese auf dem Markt mit Gewinn zu verkaufen».
18 Ähnlich bereits in Kocka 2011, 310 f.
19 Hartwell 1983, 14; Grasby 1999, 19; Fulcher 2011, 33 ff.
20 Graeber 2011, 235–64.
21 Weber sprach vom antiken «Rentenkapitalismus». Weber 1964, 668,1016; ders. 2006, 300–753; Finley 1973, 144 (Zitat); zur Lohnarbeit in der Antike: Lis/Soly 2012, T. I; zuletzt Temin 2012.
22 Mielants 2007, 47–57; Ptak 1992; Lu 1992.
23 Chaudhuri 2005,34–51,203–220; Spuler 1952,400–411; Rodinson 2007, 63–65, 82–85; Bernstein 2008,66–76.
24 Udovitsch 1970; Heck 2006, 41–157; Chaudhuri 2005, 211–215.
25 Graeber 2012, 286–97; Rodinson 2007, 57–90, dort 60 f. zu Ibn Chaldun und 88 ff. zur Frage der Bourgeoisie.
26 Zum folgenden Kulischer 1965, I, 229–278; Schilling 1999, 296–340.
27 Ogilvie 2011; zum Folgenden auch North 2011, 65–102; Stark 1993.
28 Heynen 1905, 86–120 (zu Romano Mairano); de Roover 1963 (zu den Medici); Ehrenberg 1896 (zu den Fugger).
29 Van der Wee/Kurgan-van Hentenryk (Hg.) 2000,71–112.
30 Vgl. Kulischer 1965, I, 215–221; Blickle 1988,7–12, 51–58; Arrighi 2010, 103–105; van Bavel 2010, 54–57.

31 LeGoff 1993; ders. 2010; Muller 2003, 3–12; Kulischer 1965, I, 262–274, bes. die Beispiele 271–74.
32 Subrahmanyam (Hg.) 1994; Bernstein 2008,103 ff.; vor allem Mielants 2007,86–124.
33 Vgl. Abu-Lughod 1989: schildert und übertreibt die Verflechtungen zwischen den Weltteilen.
34 Das im Kern ältere Argument (Weber, Hintze, Pomeranz, Peer Vries u. a.) bei Mielants 2007. In anderer Version: Bin Wong/Rosenthal 2011.
35 So etwa Meiksins Wood 2002.
36 MEW XXIII (Das Kapital 1),788: «Wenn das Geld ....'mit natürlichen Blutflecken auf einer Backe zur Welt kommt', so das Kapital von Kopf bis Zeh, aus allen Poren, blut- und schmutztriefend.»
37 Reinhard 2008, 28–58; Graeber 2011, 334, 465.
38 Dazu differenzierend: O'Brien 1982.
39 Chaudhuri 2005, 80–97; Frentrop 2002, 49–114; Reinhard 2008, 42.
40 Ehrenberg 1896, 122–24.
41 Nach Berghoff in Budde (Hg.) 2011, 73–75; Kindleberger/Aliber 2005, 42, 58.
42 Van der Wee/Kurgan-van Hentenryk (ed.) 2000, 117–264 (Zitat 260).
43 Graeber 2012, 363.
44 Reinhard 1985, Kap. 4–6; ders. 2008, Kap. 5 (Zitat 112); Appleby 2010, 121–137.
45 Einführend Rösener 1993; analytisch Brenner 2007, S. 63–84.
46 Duplessis 1997, S. 76–82, 147–153.
47 De Vries/van der Woude 1997, 195–269, bes. 200 f.
48 Eisenberg 2009, 50–51 (Zitat); Duplessis 1997, 63–70, 175–184; Appleby 2010, 75–86.
49 Bücher 1927, bes. 981 f.; Thompson 1971; Schulz 2010.
50 Sokoll 1994.
51 Mendels 1972; Kriedte u. a.1977; Ogilvie/Cerman(Hg.) 1996.
52 Kulischer 1965, Bd. 2, 113–137, bes. 114, 116, 123; Kriedte 1980, 47–55, 89–100, 114 f., 160–193; Duplessis 1997, 88–140, bes. 215, 219; Allen 2009, 16–22; de Vries 2008.
53 Brenner 2001, bes. 224–234.
54 Zahlen bei Allen 2009, 17.
55 Eisenberg 2009, 78–105.
56 Schilling 2012, 634 ff. Zur Weber-These oben S. 13; Kritik an ihr: Eisenberg 2009, 83–85; Schama 1988,352 f.; Allen 2009,7; Steinert 2010; zu ihrer Verteidigung zuletzt Segre 2012.
57 Zu den älteren skeptischen Sichtweisen mit Literatur: Muller 2002, 3–19; zur Wende im 18. Jahrhundert: Appleby 2010, 87–120; grundlegend Hirschman 1992, 105–141, bes. 106 ff.
58 Muller 2002, 51–83: Einführung in Smith; Conert 1998, 70–80; grund-

legend Rothschild 2001, 116–156; anders Vogl 2010/11, 31–52; aus marxistischer Perspektive: Brenner 2007.

59 Am Beispiel der Niederlande: van Bavel 2010, 72–77.

60 Allen 2009, 25–79 (bes. 34,39,40) über «the high-wage economy of pre-industrial Britain»; Broadberry/Gupta 2006,2–11; Clark 2005, 1308, 1311, 1319.

61 Zusammenfassung der Debatte über die «Great Divergence» zuletzt bei Conrad 2013, 163–174. Ausführlich und überzeugend Vries 2013. – Zur Schwäche der Protoindustrialisierung im chinesischen (und indischen) Kaufmannskapitalismus Lu 1992, bes. 492,496; Chaudhuri 2005, 201.

62 Übersichten: Stearns 1993; Buchheim 1994.

63 Beschäftigte nach Wirtschaftssektoren in Deutschland, 1800–2011:

Landwirtschaft	%	Gewerbe und Industrie %	Handel und Dienstleistungen %	Gesamtzahl der Beschäftigten (Mio)
1800	62	21	17	11
1849	56	24	20	15
1907	35	40	25	28
1970 (BRD)	8	47	45	27
2012	2	25	74	42

64 Zum komplexen Zusammenhang zwischen der Industrialisierung im Westen und der behinderten Industrialisierung in China, Indien und Afrika s. Osterhammel 2009, 943 f.; Cooper 2009 (bes. 47: afrikanischer Widerstand gegen Kapitalismus); Inikori 2002; zu innereuropäischen Disparitäten im 19. Jahrhundert: Berend, Economic History 2013, 462 ff.

65 Hobsbawm 1969,14; Cipolla 1976,10.

66 Vgl. Kornai 1992.

67 Marx/Engels, Manifest der Kommunistischen Partei, in: MEW IV, 465.

68 Über Krisen: Spree (Hg) 2011; Plumpe 2010.

69 Osterhammel/Petersson 2007; Findlay/O'Rourke 2007; Mann IV 2013, 1–12.

70 Redlich 1964, 97 f.

71 Am Beispiel der Konkurrenz zwischen dem Familienunternehmen Siemens und dem Manager-Unternehmen AEG analysiert bei Kocka 1972; zum Verhältnis Familie-Geschäft Kocka 1979 und zuletzt Budde in dies. (Hg.) 2011, 97–115. Die chinesischen Beispiele bei Zelin 2005, 84–87,114.

72 1950 galt die Hälfte der 100 größten britischen Unternehmen als von einzelnen Familien kontrolliert (1970 nur noch ein Drittel). Dazu und zur Bedeutung des Familieneinflusses in den japanischen Großunternehmen (*Zaibatsu* und *Keiretsu*) Blackford 2008, 205–216.

73 Guter Gesamtüberblick: Blackford 2008(200 zu den US-Zahlen); Chandler 1977 und 1990; Folsom/McDonald 2010; Kocka 2011, 140–155; zuletzt modifizierend Hannah 2013. Zum Organisierten Kapitalismus (Begriff nach R. Hilferding): Winkler (Hg.) 1974.
74 Das Argument zuletzt wieder bei Sinn 2009,81–85.
75 Klassisch: Berle/Means 1932; Burnham 1941. – Kocka 1983.
76 James 2013, bes. 34,37,39 (Zahlen); Berend, Europe 2013, 6 (Zitat), 60–80; Soros 1998, XII, XX; Maier 2007 (Heuschrecken). Insgesamt Atack/Neal (Hg.) 2009.
77 Glänzend überspitzt in dem Roman «The Fear Index» von Robert Harris (2011), bes. 81–113; Vogl 2010/11, 83–144; autobiographisch: Anderson 2008.
78 *http://www.imf.org/external/pubs/ft/wp/2010/data/wp10245.zip* (Abruf 1.6.2013).
79 Deutsche Bundesbank 1976, 4,313; Sinn 2009, 32–35, 155–157.
80 Dahrendorf 2009; Bell 2006; Berend, Europe 2013, 91–112; Graeber 2011, Kap. 12; Streeck 2013.
81 Um 2005 kontrollierten Fonds ca. 60% der Aktien der tausend größten Kapitalgesellschaften der USA, wobei 40% der Aktien von den zwanzig größten Investmentfonds gehalten wurden.
82 Am besten Windolf 2005 (vor allem mit Bezug auf amerikanische Beispiele); für Deutschland: Streeck 2009, 77–89, 230–272.
83 Wolfe 1988, Kap. 10.
84 Zu Finanzmarktkapitalismus und Krise von 2008: Berend, Europe 2013 bes. 60–80; Mihm/ Roubini 2010.
85 Van der Linden 2008, 17–61; ders. in Budde (Hg.) 2011, 164–175.
86 Tilly 1984, 33 (1550: 24%, 1750:58%, 1843 71%). Zu Arbeit und Arbeitern über die Jahrhunderte jetzt Lis/Soly 2012.
87 Osterhammel 2009, 959–1009; van der Linden 2008, 20–32.
88 Ausführlicher, auch zum Folgenden, an deutschen Beispielen: Kocka, Arbeitsverhältnisse 1990, 373–506.
89 Vgl. Osterhammel 2009, Kap. V; Lucassen (Hg.) 2006. Siehe unten S. 109 ff.
90 Näheres in Kocka, Arbeitsverhältnisse 1990, 469–471.
91 Klassisch für das frühindustrielle England gezeigt bei Thompson 1963.
92 Überblicke zu den Arbeiterbewegungen in einzelnen Ländern 1870–1914: van der Linden/Rojahn 1990. Zu China heute: Lee 2007.
93 Schmid/Protsch 2009; schon klassisch: Sennett 1998.
94 Arnold/Bongiovi 2013; bereits Hart 1973; Vosco u. a. (Hg.) 2009, 1–25; Standing 2008; Kalleberg 2009. Zu Afrika: Cooper 2009, 53 ff.; zu Indien: Maiti/Sen 2010; zu Lateinamerika: Fernandez-Kelly/Sheffner (Hg.) 2006.
95 Zur wechselseitigen Kontrolle von Staaten und Märkten als Zielvorstellung: Kocka 2012.

96 Dazu als guter Überblick am Beispiel Englands: Fulcher 2011, 61–88.
97 Zum «Organisierten Kapitalismus» Winkler (Hg.) 1974. Sehr gut zur Entwicklung der ökonomischen Ordnungen in Europa im 19. und 20. Jahrhundert: Berend/Schubert 2007. Für USA: Swanson 2013; zu Ostasien: Inkster 2001, bes. 120 ff.
98 Vgl. oben S. 95 ff. Weiter: Harvey 2007; Krippner 2011.
99 Schöne Skizzen zu einzelnen Ländern bei Fulcher 2011, 89–134; Appleby 2010, Kap. 11; Kwon 2010; Naughton 2007; Hung 2013; Myant/Drahokoupil 2010; Chandrasekhar 2010.
100 Becker 2012.
101 Die Einkommens- und Vermögensungleichheit hat, grob zusammengefasst, in Europa im 19. Jahrhundert zu-, vom Beginn des 20. Jahrhunderts bis in die 1970er Jahre ab- und seitdem wieder zugenommen. Van Zanden 1995; ders. u. a. 2013; Atkinson u. a. 2010; Wehler 2013.
102 Zu diesem Mechanismus Boltanski/Chiapello 2006.
103 Z. B. Kirshner 2007.
104 Honegger u. a. 2010.
105 Dazu sehr gut Milanovic 2011; Galbraith 2012.
106 Miegel 2010; Mann IV 2013.
107 Sandel 2012.
108 Beispiele finden sich in Tripp 2006, 150–193, sind aber auch im hiesigen Feuilleton nicht unbekannt.

Verzeichnis zitierter Literatur

Abu-Lughod, J. L., Before European Hegemony. The World System A. D. 1250–1350, New York 1989

Akerlof, G. A./R. J. Schiller, Animal Spirits, Princeton 2009

Allen, R. C., The British Industrial Revolution in Global Perspective, Cambridge 2009

Anderson G., Cityboy. Beer and Loathing in the Square Mile, London 2008

Appleby, J., The Relentless Revolution. A History of Capitalism, New York 2010 (dt.: Die unbarmherzige Revolution, Hamburg 2011)

Arnold, D./J. R. Bongiovi, Precarious, informalizing and flexible work, in: American Behavioral Scientist 57, 2013, 289–308

Arrighi, G., Adam Smith in Beijing. Lineages of the Twenty-First Century, London 2007

Arrighi, G., The Long Twentieth Century. Money, Power and the Origins of our Time, London 1994

Atack, J./L.Neal (Hg.), The Origins and Development of Financial Markets and Institutions. From the Seventeenth Century to the Present, Oxford 2009

Atkinson, A. B. u. a., Top Incomes in the Long Run of History, in: A. B. Atkinson/T. Piketty (Hg.), Top Incomes. A Global Perspective, Oxford 2010, 664–759

Becker, U., Measuring Change of Capitalist Varieties. Reflections on Method, Illustrations from the BRICs, in: New Political Economy 18, 2013, 503–532

Bell, D., The Cultural Contradictions of Capitalism, New York 1979

Berend, I. T. / R. Schubert, Markt und Wirtschaft. Ökonomische Ordnungen und wirtschaftliche Entwicklung in Europa seit dem 18. Jahrhundert, Göttingen 2007

Berend, I. T., Europe in Crisis. Bolt from the Blue?, New York 2013

Berend, I. T., An Economic History of Nineteenth-Century Europe, Cambridge 2013

Berle, A./G. Means, The Modern Corporation and Private Property, New York 1932

Bernstein, W. J., A Splendid Exchange. How Trade Shaped the World, New York 2008

Bin Wong, R./J.-L. Rosenthal, Before and Beyond Divergence: The Politics of Economic Change in China and Europe, Cambridge, Mass. 2011

Blackford, M. G., The Rise of Modern Business. Great Britain, the US, Germany, Japan and China, Chapel Hill, N. C. 2008

Blanc, L., Organisation du travail, Paris (9. Aufl.) 1850

Blickle, P., Unruhen in der ständischen Gesellschaft 1300–1800, München 1988

Boltanski, L./È. Chiapello, Der neue Geist des Kapitalismus, Konstanz (2003) 2006

Braudel, F., Sozialgeschichte des 15.–18. Jahrhunderts,3 Bde., München 1985/86

Brenner, R. P., The Low Countries in the Transition to Capitalism, in: Journal of Agrarian Change 1:2, 2001, 169–241

Brenner, R., Property and Progress: Where Adam Smith Went Wrong, in: Ch. Wickham (Hg.), Marxist History-writing for the Twenty-first Century, Oxford 2007, 49–109

Broadberry, St./B. Gupta, The early modern great divergence, in: The Economic History Review 59, 2006, 2–31

Bücher, K., «Gewerbe», in: Handwörterbuch der Staatwissenschaften, Bd. 4, Jena 4. Aufl. 1927, 966–999

Buchheim, Ch., Industrielle Revolutionen. Langfristige Wirtschaftsentwicklung in Großbritannien, Europa und in Übersee, München 1994

Budde, G. (Hg.), Kapitalismus. Historische Annäherungen, Göttingen 2011

Burnham, J., The Managerial Revolution, New York 1941

Chandler, A. D. Jr., Scale and Scope. The Dynamics of Industrial Capitalism, Cambridge, Mass. 1990

Chandler, A. D. Jr., The Visible Hand. The Managerial Revolution in American Business, Cambridge, Mass. 1977

Chandrasekhar, C. P., From Dirigisme to Neoliberalism. Aspects of the Political Economy of the Transition in India, in: Development and Society 39:1, 2010, 29–59

Chaudhuri, K. N., Trade and Civilization in the Indian Ocean. An Economic History from the Rise of Islam to 1750, Cambridge 2005

Christian, D., Maps of Time. An Introduction to Big History, Berkeley 2004

Cipolla, C., Die Industrielle Revolution in der Weltgeschichte, in: K. Borchardt (Hg.), Die Industrielle Revolution, Stuttgart 1976, 1–10

Clark, G., The Condition of the Working Class in England, 1209–2004, in: Journal of Political Economy 113, 2005, 1307–1340

Conert, H., Vom Handelskapital zur Globalisierung. Entwicklung und Kritik der kapitalistischen Ökonomie, Münster 1998

Conrad, S., Globalgeschichte. Eine Einführung, München 2013

Cooper, F., Afrika in der kapitalistischen Welt, in: Randeria S./A. Eckert (Hg.), Vom Imperialismus zum Empire, Frankfurt 2009, 37–73

Dahrendorf, R., Nach der Krise. Zurück zur Protestantischen Ethik?, in: Merkur 720, 2009, 373–381

De Roover, R., The Rise and Decline of the Medici Bank: 1397–1494, New York 1963

De Vries, J./A. van der Woude, The first modern economy: success, failure and perseverance of the Dutch economy, 1500–1815, Cambridge 1997

De Vries, J., The Industrious Revolution. Consumer Behaviour and the Household Economy 1650 to Present, Cambridge 2008

Deutsche Bundesbank, Deutsches Geld- und Bankwesen in Zahlen 1876–1975, Frankfurt 1976

Duplessis, R. S., Transitions to Capitalism in Early Modern Europe, Cambridge 1997

Ehrenberg, R., Das Zeitalter der Fugger. Geldkapital und Kreditverkehr im 16. Jahrhundert, Bd. 1, Jena 1896

Eisenberg, Ch., Embedding Markets in Temporal Structures, in: Historical Social Research 36, 2011, No. 3,55–78

Eisenberg, Ch., Englands Weg in die Marktgesellschaft, Göttingen 2009

Fernandez-Kelly, P./J. Shefner (Hg.), Out of the Shadows: Political Action and the Informal Economy in Latin America, Pennsylvania State UP (2002) 2006

Findlay, R./K. H. O'Rourke, Power and Plenty. Trade, War, and the World Economy in the Second Millenium, Princeton 2007

Finley, M. I., The Ancient Economy, Berkeley 1973

Folsom, B. W./F. McDonald, The Myth of the Robber Barons. A New Look at the Rise of Big Business in America, Hemden, Va. 6. Aufl. 2010
Frentrop, P., A History of Corporate Governance 1602–2002, Amsterdam 2002
Fulcher, J., Kapitalismus, Stuttgart 2. Aufl. 2011
Galbraith, J. K., Inequality and Instability. A Study of the World Economy Just Before the Great Crisis, Oxford 2012
Graeber, D., Schulden, Stuttgart 2011
Grassby, R., The Idea of Capitalism Before the Industrial Revolution, Lanham 1999
Hall, P. A./D. Soskice (Hg.), Varieties of Capitalism. The Institutional Foundations of Comparative Advantage, Oxford 2001
Hannah, L., Corporations (and Alternatives) in America and Europe around 1910, Paper, Yale Economic History Workshop, Sept 16, 2013
Hart, K., Informal income opportunities and urban employment in Ghana, in: Journal of Modern African Studies, 11, 1973, 61–89
Hartwell, R. M., The Origins of Capitalism, in: S. Pejovich (Hg.), Philosophical and economic foundations of capitalism, Lexington, Mass. 1983, 11–23
Harvey, D., Kleine Geschichte des Neoliberalismus, Zürich 2007
Heck, G. W., Charlemagne, Muhammad and the Arab Roots of Capitalism, Berlin 2006
Heynen, R., Zur Entstehung des Kapitalismus in Venedig, Diss. München 1905
Hilger, M.-E., «Kapital, Kapitalist, Kapitalismus», in: O. Brunner u. a. (Hg.), Geschichtliche Grundbegriffe, Bd. 3, Stuttgart 1982, 339–454
Hirschman, A. O., Rival Views of Market Society and Other Recent Essays, Cambridge, Mass. 1992
Hobsbawm, E. J., Industrie und Empire, Bd. 1, Frankfurt 1969
Hobson, J. A., The Evolution of Modern Capitalism, London 1894
Honegger, C. u. a. (Hg.), Strukturierte Verantwortungslosigkeit. Berichte aus der Bankenwelt, Frankfurt 2010
Hung, H., Labor Politics under Three Stages of Chinese Capitalism, in: The South Atlantic Quarterly 112, 2013, 203–12
Ingham, G., Capitalism, New York (2008) 2011
Inikori, J. E., Africans and the Industrial Revolution in England, Cambridge 2002
Inkster, I., The Japanese Industrial Economy, London 2001
James, H., Finance Capitalism, Manuskript 2013
Kalleberg, A. L., Precarious Work, Insecure Workers. Employment Relations in Transition, in: American Sociological Review 74, 2009, 1–22
Keynes, J. M., The End of Laissez-Faire, Dubuque, Iowa 1927
Keynes, J. M., The General Theory of Employment Interest and Money, New York 1936

Kindleberger, Ch. P., «The Great Transformation» by K. Polanyi in: Daedalus 103, 1974, No. 1, 45–52

Kindleberger, Charles P./R. Aliber, Manias, Panics and Crashes. A History of Financial Crises, Hoboken N. J. 5. Aufl. 2005

Kirshner, J., Appeasing bankers. Financial caution on the road to war, Princeton 2007

Kocka, J., Arbeitsverhältnisse und Arbeiterexistenzen. Grundlagen der Klassenbildung im 19. Jahrhundert, Bonn 1990

Kocka, J., Familie, Unternehmer und Kapitalismus. An Beispielen aus der frühen deutschen Industrialisierung, in: Zeitschrift für Unternehmensgeschichte 24, 1979, 99–135

Kocka,J., Grenzen von Markt und Staat, in: Neue Gesellschaft/Frankfurter Hefte 9/2012, 38–40

Kocka, J., Legitimitätsprobleme und –strategien der Unternehmer und Manager im 19. und 20. Jahrhundert, in: H. Pohl/W. Treue (Hg.), Legitimation des Managements im Wandel, Wiesbaden 1983, 7–21

Kocka, J., Lohnarbeit und Klassenbildung. Arbeiter und Arbeiterbewegung in Deutschland 1800–1875, Berlin 1983

Kocka, J., Siemens und der aufhaltsame Aufstieg der AEG, in: Tradition 17, 1972, 125–142

Kocka, J., Der Kapitalismus und seine Krisen in historischer Perspektive, in: ders., Arbeiten an der Geschichte, Göttingen 2011, 307–22, 390–95

Kornai, J., The Socialist System. The Political Economy of Communism, Princeton 1992

Kriedte, P. u. a., Industrialisierung vor der Industrialisierung, Göttingen 1977

Kriedte, P., Spätfeudalismus und Handelskapital. Grundlinien der europäischen Wirtschaftsgeschichte vom 16. bis zum Ausgang des 18. Jahrhunderts, Göttingen 1980

Krippner, G. R., Capitalizing on Crisis. The Political Origins of the Rise of Finance, Cambridge 2011

Kulischer, J., Allgemeine Wirtschaftsgeschichte des Mittelalters und der Neuzeit, 2 Bde., Wien 3. Aufl. 1965

Kwon, O. Yul, The Korean Economy in Transition, Cheltenham 2010

Le Goff, J., Kaufleute und Bankiers im Mittelalter, Frankfurt 1993

Le Goff, J., Le Moyen Age et l'argent, Paris 2010

Lee, Ching Kwan, Against the Law. Labour Protests in China's Rustbelt and Sunbelt, Berkeley 2007

Lis, K./H. Soly, Worthy Efforts: Attitudes to Work and Workers in Pre-Industrial Europe, Leiden 2012

Lu, H., Arrested Development: Cotton and Cotton Markets in Shanghai, 1350–1843, in: Modern China 18, 1992, 468–499

Lucassen, J. (Hg.), Global Labour History, Bern 2006

Maier, A., Der Heuschrecken-Faktor. Finanzinvestoren in Deutschland, München 2007
Maiti, D./K. Sen, The Informal Sector in India. A Means of Exploitation or Accumulation?, in: Journal of South Asian Development 5, 2010, 1–13
Mann, M., The sources of social power, Bde. 1–4, Cambridge 1993–2013
Marx, K./F. Engels, Werke, Bd. 1–45, Berlin 1956–1990 (abgekürzt: MEW)
Meiksins Wood, E., The Origin of Capitalism. A Longer View, London 2002
Mendels, F., Proto-Industrialization, The First Phase of the Industrialization Process, in: Journal of Economic History 32, 1972, 241–61
Miegel, M., Exit. Wohlstand ohne Wachstum, Berlin 2010
Mielants, E. H., The Origins of Capitalism and the «Rise of the West», Philadelphia 2007
Mihm, St./N. Roubini, Das Ende der Weltwirtschaft und ihre Zukunft, Frankfurt 2010
Milanovic, B., A short history of global inequality. The past two centuries, in: Explorations in Economic History 48,2011, 494–506
Mommsen, W., Die Wirtschaftsgesinnung des modernen, marktorientierten Kapitalismus, in: L'éthique protestante de Max Weber et l'esprit de la modernité, Paris 1997, 208–24
Muller, Jerry Z., The Mind and the Market. Capitalism in Western Thought, New York (2002) 2003
Myant,M./J. Drahokoupil, Transition Economics: Political Economy in Russia, Eastern Europe, and Central Asia, London 2010
Naughton,B., The Chinese Economy. Transitions and Growth, Cambridge, Mass. 2007
North, M., Geschichte der Ostsee. Handel und Kulturen, München 2011
O'Brien, P., European Economic Development. The Contribution of the Periphery, in: Economic History Review 35:1, 1982, 1–18
Ogilvie, S./M. Zerman (Hg.), European Proto-Industrialization, Cambridge 1996
Ogilvie, S., Institutions and European Trade. Merchant Guilds 1000–1800, Cambridge 2011
Osterhammel, J./N. P. Petersson, Geschichte der Globalisierung, München 2007
Osterhammel, J., Die Verwandlung der Welt. Eine Geschichte des 19. Jahrhunderts, München 2009
Osterhammel, J., J. A. Schumpeter und das Nicht-Ökonomische in der Ökonomie, in: KZSS 39, 1987, 40–58
Passow, R., «Kapitalismus», Jena 2. Aufl. 1927
Plumpe,W., Wirtschaftskrisen. Geschichte und Gegenwart, München 2010
Polanyi, K., The Great Transformation, New York 1944

Proudhon, P.-J., Idée générale de la révolution au dix-neuvième siècle, Paris 1851.
Ptak, R., Die chinesische maritime Expansion im 14. und 15. Jahrhundert, Bamberg 1992
Redlich, F., Der Unternehmer, Göttingen 1964
Reinhard, W., Geschichte der Europäischen Expansion, Bd. 2, Stuttgart 1985
Reinhard, W., Kleine Geschichte des Kolonialismus, Stuttgart 2. Aufl. 2008
Rodinson, M., Islam and Capitalism, London 2007
Rösener, W., Die Bauern in der Europäischen Geschichte, München 1993
Rothschild, E., Economic Sentiments. Adam Smith, Condorcet and the Enlightenment, Cambridge, Mass. 2001
Sandel, M. J., Was man für Geld nicht kaufen kann. Die moralischen Grenzen des Marktes, Berlin 2012
Schäffle, A. E. F., Kapitalismus und Socialismus mit besonderer Rücksicht auf Geschäfts- und Vermögensformen, Tübingen 1870
Schama, S., Überfluß und schöner Schein. Zur Kultur der Niederlande im Goldenen Zeitalter, Frankfurt/Main 1988
Schilling, H., Die neue Zeit. Vom Christenheitseuropa zum Europa der Staaten. 1250 bis 1750, Berlin 1999
Schilling, H., Martin Luther. Rebell in einer Zeit des Umbruchs, München 2012
Schluchter, W., Die Entzauberung der Welt. Sechs Studien zu Max Weber, Tübingen 2009
Schmid, G./P. Protsch, Wandel der Erwerbsformen in Deutschland und Europa. Discussion paper SPI 2009–505, Berlin (WZB) 2009
Schulz, K., Handwerk, Zünfte und Gewerbe. Mittelalter und Renaissance, Darmstadt 2010.
Schumpeter, J., Kapitalismus, Sozialismus und Demokratie, Tübingen 8. Aufl. 2005
Schumpeter, J., Theorie der wirtschaftlichen Entwicklung, München 2. Aufl. 1926
Schumpeter, J., Konjunkturzyklen, Göttingen (1961) 2010
Segre, S., A Comment on a Recent Work by Heinz Steinert on Max Weber, in: Österreichische Zeitschrift für Geschichtswissenschaften 23, 2012, 16–32
Sennett, R., Der flexible Mensch. Die Kultur des neuen Kapitalismus, Berlin 1990
Shadwell, A., Capitalism, in: Edinburgh Review 232 (Juli 1920), 69–83; 233 (Jan. u. Apr. 1921), 80–99, 371–86
Sinn, H.-W., Kasino-Kapitalismus, Berlin 2009
Sokoll, T., Europäischer Bergbau im Übergang zur Neuzeit, Idstein 1994
Sombart, W., Der moderne Kapitalismus, 2 Bde., Leipzig 1902
Soros, G., The Crisis of Global Capitalism, New York 1998

Spree, R. (Hg.), Konjunkturen und Krisen in der Neueren Geschichte (= Jahrbuch für Wirtschaftsgeschichte 2011/1)

Spuler, B., Iran in früh-islamischer Zeit, Wiesbaden 1952

Standing, G., Economic Insecurity and Global Casualization. Threat or Promise?, in: Social Indicators Research 88, 2008, 15–30

Stark, W., Techniken und Organisationsformen des Hansischen Handels im Spätmittelalter, in: Jenks, S./M. North (Hg.), Der Hansische Sonderweg?, Köln 1993, 101–201

Stearns, P. N., The Industrial Revolution in World History, Boulder, CO 1993

Steinert, H., Max Webers unwiderlegbare Fehlkonstruktionen. Die protestantische Ethik und der Geist des Kapitalismus, Frankfurt 2010

Streeck, W., Gekaufte Zeit. Die vertagte Krise des demokratischen Kapitalismus, Frankfurt 2013

Streeck, W., Reforming Capitalism: Institutional Change in the German Political Economy, Oxford 2009

Subrahmanyam, S. (Hg.), Money and the Market in India 1100–1700, Oxford 1994

Swanson, P., An Introduction to Capitalism, London 2013

Temin, P., The Roman Market Economy, Princeton 2012

Thompson, E. P., The making of the English working class, London 1963

Thompson, E. P., The moral economy of the English crowd in the 18th century, in: Past and Present 50, 1971, 76–136

Tilly, Ch., Demographic Origins of the European Proletariat, in: D. Levine (Hg.), Proletarianization and Family History, Orlando 1984, 1–85

Tripp, Ch., Islam and the moral Economy. The Challenge of Capitalism, Cambridge 2006

Udovitch, A. L., Partnership and Profit in Medieval Islam, Princeton 1970

Van Bavel, B., The Medieval Origins of Capitalism in the Netherlands, in: Low Countries Historical Review 125, 2010, No. 2–3, 45–79

Van der Linden, M., Workers of the World. Essays Toward a Global Labor History, Leiden 2008

Van der Linden, M./J. Rojahn (Hg.), The Formation of Labour Movements 1870–1914, 2 Bde., Leiden 1990

Van der Wee, H./G. Kurgan-van Hentenryk (Hg), A History of European Banking, Antwerpen 2. Aufl. 2000

Van Zanden, J. L. u. a., The Changing Shape of Global Inequality 1820–2000, in: Review of Income and Wealth, Oxford 2013, 1–19

Van Zanden, J. L., Tracing the Beginning of the Kuznets Curve: Western Europe during the Early Modern Period, in: The Economic History Review 48, 1995, 643–664

Vogl, J., Das Gespenst des Kapitals, Zürich 2. Aufl. 2010/11

Vosco, L. F. u. a. (Hg.), Gender and the Contours of Precarious Employment, New York 2009

Vries, P., Europe and the Rest. Braudel on Capitalism, in: G. Garner/M. Middell (Hg.), Aufbruch in die Weltwirtschaft. Braudel wiedergelesen, Leipzig 2012, 81–144

Vries, P., Ursprünge des modernen Wirtschaftswachstums, Göttingen 2013 (im Erscheinen)

Wallerstein, I., The Modern World-System, Bde. 1–4, 1974, 1980, 1989, 2011

Weber M., Gesammelte Aufsätze zur Religionssoziologie I u. II, Tübingen 1988

Weber, M., Abriss der Universalen Sozial- und Wirtschaftsgeschichte (= Max Weber Gesamtausgabe, Bd. 6), Tübingen 1912

Weber, M., Wirtschaft und Gesellschaft. Grundriß der verstehenden Soziologie. Studienausgabe, 2 Halbbde, Köln 1964

Weber, M., Zur Sozial- und Wirtschaftsgeschichte des Altertums. Schriften und Reden 1893–1908 (= Max Weber Gesamtausgabe I/6), Tübingen 2006

Wehler, H.-U., Die neue Umverteilung. Soziale Ungleichheit in Deutschland, München 2013

Williams, R., Keywords. A Vocabulary of Culture and Society, New York 1976

Windolf, P. (Hg.), Finanzmarkt-Kapitalismus. Analysen zum Wandel von Produktionsregimen, Wiesbaden 2005

Winkler, H. A.(Hg.), Organisierter Kapitalismus. Voraussetzungen und Anfänge, Göttingen 1974

Wolfe, T., Fegefeuer der Eitelkeiten. Roman, Reinbek 2005

Zelin, M., The Merchants of Zigong. Industrial Entrepreneurship in Early Modern China, New York 2005

Personenregister